O CORPO
SUTIL DE ECO

Dados Internacionais de Catalogação na Publicação (CIP)
(Câmara Brasileira do Livro, SP, Brasil)

Berry, Patricia
O corpo sutil de Eco : contribuições para uma psicologia arquetípica / Patricia Berry ; tradução de Marla Anjos e Gustavo Barcellos. - Petrópolis, RJ : Vozes, 2014. - (Coleção Reflexões Junguianas)

Título original : Echo's subtle body : contributions to an archetypal psychology
Bibliografia

1ª reimpressão, 2021.

ISBN 978-85-326-4844-0

1. Arquétipo (psicologia) 2. Psicanálise I. Título II. Série.

14-08269   CDD-155.6

Índices para catálogo sistemático:
1. Arquétipos : Psicologia   155.6

Patricia Berry

O CORPO SUTIL DE ECO

Contribuições para
uma psicologia
arquetípica

Tradução de Marla Anjos e Gustavo Barcellos

Petrópolis

© 2014, by Patricia Berry

Tradução realizada a partir do original em inglês intitulado
Echo's Subtle Body: Contributions to an Archetypal Psychology,
Second revised and expanded edition, Spring Publications, Nova York (EUA), 2008.

O texto "Imagem em movimento", acrescentado a esta edição, foi publicado originalmente sob o título *Image in Motion in Jung & Film: Post-Jungian Takes on the Moving Image*, p. 70-79. Eds., Hauke, C. and Alister, I., Brunner-Routledge, East Sussex (Inglaterra), 2001.

Direitos de publicação em língua portuguesa – Brasil:
2014, Editora Vozes Ltda.
Rua Frei Luís, 100
25689-900 Petrópolis, RJ
www.vozes.com.br
Brasil

Todos os direitos reservados. Nenhuma parte desta obra poderá ser reproduzida ou transmitida por qualquer forma e/ou quaisquer meios (eletrônico ou mecânico, incluindo fotocópia e gravação) ou arquivada em qualquer sistema ou banco de dados sem permissão escrita da editora.

CONSELHO EDITORIAL
Diretor
Gilberto Gonçalves Garcia

Editores
Aline dos Santos Carneiro
Edrian Josué Pasini
Marilac Loraine Oleniki
Welder Lancieri Marchini

Conselheiros
Francisco Morás
Ludovico Garmus
Teobaldo Heidemann
Volney J. Berkenbrock

Secretário executivo
João Batista Kreuch

Editoração: Maria da Conceição B. de Sousa
Diagramação: Alex M. da Silva
Capa: Omar Santos

ISBN 978-85-326-4844-0 (Brasil)
ISBN 978-0-88214-563-1 (Estados Unidos)

Editado conforme o novo acordo ortográfico.

Este livro foi composto e impresso pela Editora Vozes Ltda.

Para JH

Sumário

1 Qual é o problema com a mãe?, 9
2 A neurose e o rapto de Deméter/Perséfone, 29
3 O dogma do gênero, 49
4 Uma abordagem ao sonho, 69
5 Defesa e *telos* nos sonhos, 101
6 Virgindades da imagem, 119
7 A paixão de Eco, 137
8 O ouvido envenenado de Hamlet, 153
9 Parada: um modo de animação, 176
10 Sobre a redução, 194
11 O treinamento da sombra e a sombra do treinamento, 220
12 Regras básicas: rumo a uma prática de psicologia arquetípica, 234
13 Imagem em movimento, 250

A abreviação OC refere-se à Obra Completa de C.G. Jung, vols. 1-18 (Petrópolis: Vozes), referidos pelo número do volume e do parágrafo.

1 Qual é o problema com a mãe?*

Em psicologia, acostumamo-nos a abusar de um conceito: o da mãe. E ainda a culpamos amplamente. Em um momento ou outro, de uma forma ou de outra, temos lançado mão dela para explicar cada uma de nossas síndromes patológicas: nossa esquizofrenia é explicada como um duplo vínculo com ela; a paranoia, uma incapacidade de sermos confiantes por sua causa (uma necessidade de fixar nossos pensamentos a rígidos sistemas, como compensação à sua falta de ordem); a histeria, uma tendência para a susceptibilidade exagerada e sem sentimentos, por causa do útero (o útero dela) percorrendo nossos corpos.

À luz da frequência dessas explicações, comecei a me perguntar: Mas qual é o problema com a mãe? O que acontece que a faz tão apropriada especialmente para nossas explicações psicológicas?

Para explorar esse tema, voltemo-nos para a matéria de que é feita a mãe – em que consiste o conteúdo da mãe. Vamos

---

* Inicialmente este texto foi apresentado como uma palestra patrocinada pelo Guild of Pastoral Psychology, Oxford University, em Oxford, na Inglaterra, em 1976.

enfocar então a Grande Mãe de nossa tradição mitológica ocidental, que Hesíodo decresceu em sua *Teogonia*. Na *Teogonia*, ele honra a Grande Mãe Gaia, Terra, como a divindade original e progenitora de todas as outras divindades – todas as muitas formas de nossas possibilidades psíquicas, de consciência psíquica. Para todas elas, Gaia representa o terreno original.

De acordo com Hesíodo, primeiro existiu o caos, uma ausência de forma, um nada. Então se faz Gaia, Terra: a primeira forma, o primeiro princípio, alguma coisa, um dado.

Mas, na medida em que a criação se processa continuamente – que todos os dias nossa experiência psíquica é criada, nossas emoções e humores tomam forma –, em vez de contar a criação segundo Hesíodo no tempo passado, poderíamos contá-la de forma mais acurada no tempo presente: primeiro *há* o caos, e então há a Mãe Terra. Dentro de nossas experiências do caos está contida, ao mesmo tempo, uma possibilidade específica de forma. Ou, então, cada caos gera a si mesmo numa forma.

Essa concepção do caos é diferente de nossas noções lineares tradicionais, nas quais a forma é imposta mais tarde ao caos, de fora ou de cima para baixo, conquistando e tomando o lugar do caos.

No entanto, considerar esse conto da maneira como estou tentando fazer seria enxergá-lo como uma imagem – ou seja, mais como um quadro do que como uma narrativa – de forma que as facetas do acontecimento (o caos e as formas ou a terra) se dão todas simultaneamente. Algumas coisas interessantes que se evidenciam nessa imagem não se mostram na sequência narrativa. Por exemplo, esse enfoque vê o caos e as formas como copresentes; isto é, dentro do caos há formas inerentes. Cada momento de caos tem formas dentro dele; e cada forma incorpora um caos específico.

É claro que esse modo de ver as coisas apresenta também implicações terapêuticas. Por exemplo, aqui isso implica que não nos livremos muito rapidamente de sentimentos caóticos (através de ab-reação ou do grito primal), porque então perderíamos também as formas. Seria melhor conter, e até mesmo alimentar, o caos para que suas formas possam também existir. (A imagem também sugere que nossas formas não podem nos livrar do caos, porque onde há forma há também o caos.)

Tenho material para apoiar o que disse. Pois a mãe, esse chão materno de nossas vidas, está ligada à palavra "matéria". Mãe e matéria (*mater*) são cognatas. E a matéria tem sido considerada de duas maneiras – quase como se houvesse basicamente duas espécies, ou níveis, de matéria.

Um dos níveis é considerado como um substrato universal. Como tal, é claro, existe somente como abstração. Em si mesma, essa matéria é incognoscível, invisível e incorpórea. A matéria é, nesse sentido, uma espécie de caos; ou, como Santo Agostinho a descreve, uma ausência de luz, uma privação do ser[1]. Assim, essa concepção de matéria considera-a um nada, uma negação, uma falta. Bem, a segunda ideia surge a partir da primeira.

O segundo tipo de matéria é, então, não somente o nada maior, mas, por causa disso, o algo maior – o mais concreto, tangível, visível e corpóreo. Santo Agostinho chama essa matéria de "a terra como a conhecemos", e contrasta o céu, que está mais perto de Deus, com essa terra que, embora mais concreta, está no entanto mais perto do nada[2].

---

1. SANTO AGOSTINHO. *Confissões*, XII, 3.
2. Ibid., XII, 7.

Assim, dentro da ideia de matéria há um paradoxo. Matéria (e, por extensão, a Mãe Terra) é ao mesmo tempo algo maior *e* o nada maior, o mais necessário (para que algo possa acontecer) e ao mesmo tempo o que mais falta. Com essa combinação de atributos, matéria e mãe têm tido certamente uma existência difícil em nossa tradição espiritual ocidental. Mãe/matéria é o terreno da existência, e no entanto não conta – ela é um nada. Arquetipicamente, ela é nossa terra e ao mesmo tempo está sempre faltando[3].

Quando chegamos perto de nossa "matéria", nossos substratos inferiores, nossas raízes, nosso passado, o terreno de onde viemos, nossas emoções mais cruas, não é surpreendente que tenhamos o sentimento de algo de desarranjado, algo inferior, caótico, talvez maculado. Mas esses sentimentos são dados com a própria natureza da matéria da mãe.

Deixe-me contar uma experiência que Hesíodo teve. No começo da *Teogonia*, conta-nos sua conversão em poeta, tornando-se um homem que louvava os deuses. Como ele conta, estava fora, cuidando de seu rebanho, quando de repente as musas lhe apareceram, repreendendo-o severamente por causa de seu estado inferior. Elas despertaram nele uma sensação de vergonha por ser apenas homem da terra. Hesíodo se tornou então um poeta que reverenciou as musas, mas nunca deixou de ser um homem da terra (um lavrador), nem a terra deixou de ser seu tema. Tornou-se meramente um lavrador mais complicado, alguém que agora cantava uma terra da qual sentia vergonha.

---

3. É interessante notar com relação a isso que Teofrasto descreve o verde, cor da natureza, como "composto tanto do sólido quanto do vazio [...]" (STRATTON, G.M. "Theophrastus on the Senses". *Theophrastus*. Amsterdam: E.J. Bonset, 1964, p. 135.

Isto parece curioso: que um homem envergonhado, chamado de tolo por ser apenas um homem da terra, decidisse agora cantar a mesma terra da qual sentia vergonha. Ou será que a experiência da vergonha está ligada à experiência da terra? Ou talvez a vergonha seja um caminho que possa levar alguém para a experiência da terra?

A vergonha é uma reação profundamente corporal que não pode ser controlada (pelo menos, não com muita eficiência) pela mente. Portanto, aponta para alguma coisa além da vontade – um poder além do humano, que poderíamos chamar de divino. Hesíodo foi levado a experimentar a terra como uma terra psíquica que, embora o fizesse envergonhar-se de si mesmo, justamente por causa dessa vergonha, era maior que ele próprio. No interior desse movimento psíquico, a terra tornou-se uma divindade. Já não era mais uma planície ampla onde ele pastoreava suas ovelhas, mas, como deusa, tornou-se uma terra com muitos níveis, sobre a qual sua alma (suas musas) também pastoreava. Para Hesíodo, ela deixou de ser um "nada mais que", um lugar físico, um chão neutro e sem qualidade, mas, tendo sido experimentada como divindade, foi também experimentada psiquicamente, de modo que sua matéria passou a significar psique.

Se não fosse a experiência da terra que as musas queriam despertar em Hesíodo, elas teriam se aproximado dele de outra forma. Poderiam ter provocado sua conversão através de uma experiência visionária de grande beleza distante, ou num momento de elevação poderiam ter-lhe pedido que abandonasse tudo para segui-las, ou o que quer que fosse. Mas a experiência da terra é o que lhe foi dado – pois Hesíodo tinha que ser um poeta da terra, e dessa mesma terra toda a *Teogonia*, em louvor a todos os deuses e deusas, deveria ser cantada.

Deixem-me mostrar um canto Navajo que expressa algo da conexão entre vergonha e terra:
> Envergonho-me diante da terra;
> Envergonho-me diante dos céus;
> Envergonho-me diante do alvorecer;
> Envergonho-me diante do crepúsculo;
> Envergonho-me diante do céu azul;
> Envergonho-me diante da escuridão;
> Envergonho-me diante do sol;
> Envergonho-me diante daquela presença dentro de mim que fala comigo.
> Algumas dessas coisas estão sempre me olhando.
> Nunca estou fora de suas vistas.
> Portanto devo dizer a verdade.
> Mantenho minha palavra junto do meu peito[4].

"Envergonho-me" – quem não sentiu isso ao confrontar as maravilhas da terra? Mas tem-se também essa sensação de vergonha quando outros aspectos do sentimento "terreno" aparecem. Isso acontece na análise quando o "ctônico" é constelado: as criaturas apavorantes, repulsivas, deformadas, grotescas, escorregadias ou viscosas que nos trazem o reconhecimento assustador de nossa própria feiura e deformação. É estranho sentirmos tais criaturas como *de*formadas, emergindo, como aparecem, desses níveis naturais e terrenos da psique.

Geralmente tentamos reprimir essas criaturas. Mas, se não conseguimos, tentamos a segunda melhor alternativa, ou seja, forçá-las a se transformarem o mais rápido possível. Com uma espécie de desespero pintamos, modelamos e fazemos imaginação ativa. A dificuldade, é claro, é que em nossa pressa podemos perder a experiência. Uma vez que essas degra-

---
4. Contado por Torlino. Tradução para o inglês de Washington Matthews, 1894.

dantes criaturas terrenas são portadoras da experiência da terra, quando as transformamos muito depressa perdemos algo da própria terra que estávamos procurando. É um fato psicológico curioso que o ser maculado esteja intimamente ligado com a experiência e os benefícios do chão.

Felizmente para a nossa tradição mitológica, a vergonha de Hesíodo liga-o a esta sustentação e produtividade terrenas, de modo que dela – de Gaia – origina-se sua *Teogonia*. Dela surge o céu estrelado, as montanhas, as profundezas, o mar.

É bastante estranho que essas regiões assim chamadas de masculinas (céu estrelado; montanhas/Olimpo; profundezas/Hades; mar/oceano, Poseidon) tenham surgido dela, fazendo parte de sua matriz básica. Mais do que isso, ela cria seu próprio companheiro, Urano. E, como este céu-Urano é uma força fálica que emerge da terra, podemos encarar esse fato como o hermafroditismo original da terra. Dentro do feminino enquanto vazio, dentro dela enquanto passivo, reside uma potencialidade semelhante à do céu. Assim, entrar em contato com a terra é também ligar-se a um céu que procede dela mesma, e as sementes, ao caírem, criam uma espécie de autofertilização original. Isso não se dá sem problemas, mas, por enquanto, é suficiente notar que céu, montanhas, profundezas e gerações, todos tiveram seu início na terra primordial.

*

Nos cultos primitivos, animais negros eram sacrificados à Terra Gaia[5]. Vamos falar um pouco a respeito de sacrifício. A

---

5. FARNELL, L.R. *The Cults of the Greek States*, III. Oxford: Clarendon Press, 1907, p. 2. Este sacrifício do animal negro (no caso de Gaia, a ovelha) era típico de Hades e de outros deuses em suas formas ctônicas, do mundo própria palavra, *sacrifício*, significa "tornar sagrado". Assim, é o "negro" que é sagrado a Gaia e que pode ajudar a mantê-la sagrada. Negro: o escuro, o deprimido, a dor diante das perdas, o inexplicável, o sombrio, o pecado.

Agora temos uma outra sugestão de como poderíamos entrar em contato com a Terra Gaia, ou seja, através de nossos sentimentos de depressão, de nossos estados de espírito sombrios, nossas perdas e desorientações. Assim como a vergonha é um caminho para a experiência da Mãe Terra, um caminho semelhante é o sentimento de nossa própria natureza mais sombria e de nossa desesperança – limitações que não mudam, complexos que marcaram a personalidade e que permanecerão sempre imutáveis, uma vez que são a *base* da personalidade, únicos e individuais. Tentar tornar mais leves essas experiências, sair desses complexos ou encobri-los com explicações e racionalizá-los, seria perder também nossas possibilidades de ganhar corpo psíquico, terra. De fato, essas limitações *são* a terra psíquica.

A psicologia profunda serve esse terreno materno de muitas formas. Uma delas é dar suporte à sensação humana de vergonha e falta de firmeza, o incompreendido, o rejeitado. A psicologia não só extrai um suporte das profundezas obscuras da mãe, mas também, por outro lado, reverencia essas mesmas profundezas, criando a partir delas uma teogonia de descrições fenomenológicas, sistemas e classificações patológicas, semelhante ao modo pelo qual Hesíodo criou sua Teogonia.

---

das trevas. Portanto, precisamos perceber que a Terra Gaia está tão em casa com os mortos e o mundo das trevas quanto está junto às aparentemente mais vitais atividades da agricultura e da vegetação. Para ela não há uma real contradição entre vida e morte, mundo diurno e mundo das trevas.

É essa sensação que possuímos do patológico nas coisas não pode ser explicada apenas pela sociedade, ou por causa de nossos pais ou pela falta de interação dentro de nossas famílias. Existe em qualquer sociedade uma ideia de patologia, de alguma coisa errada. Parece então uma experiência arquetípica, primordial. Embora a designação *daquilo* que é patológico possa variar, mesmo assim o fato arquetípico em si permanece constante através dos tempos, de cultura para cultura.

Assim, outro modo de aprofundar nosso reconhecimento da Mãe, da Terra, é aprofundar nossa experiência de patologia. Não quero dizer com isso experimentá-la através de projeção, como algo exterior. Se a patologia é arquetípica, por definição devemos experimentá-la em nós, como faríamos com qualquer outra qualidade arquetípica – *anima, animus*, a criança... Todas elas têm início e significado em nós mesmos.

Outro atributo da Mãe Gaia é a imobilidade. Gaia tornava as coisas fixas. Era a deusa do casamento[6]. Rogavam-se pragas em seu nome e essas pragas pegavam[7]. A mãe/matéria enquanto inerte torna-se agora a mãe que assenta, estabiliza, liga.

Em psicoterapia, podemos ainda encontrar essa ideia de Terra, a terra enquanto aquilo que vai assentar o jovem que voa alto demais, ou a mulher que não assume responsabilidades pelo seu lar, ou o homem que é muito intelectual. O que essas pessoas precisam é de terra, dizemos. O jovem, podemos mandá-lo trabalhar numa fazenda durante o verão, ou estimulá-lo a se casar. À dona de casa, podemos recomendar que preste mais atenção às suas atividades caseiras, faça suas próprias

---

6. Cf. FARNELL, L.R. *The Cults of the Greek States...* Op. cit., p. 15. • FOWLER, W. *The Religious Experience of the Roman People.* Londres: Macmillan, 1933, p. 121.

7. FARNELL, L.R. *The Cults of the Greek States...* Op. cit., p. 2.

conservas, trabalhe no jardim ou comece a tricotar. Ao intelectual, diríamos para descer para o lado prático das coisas, viver a vida, e esquecer suas fantasias e ideias abstratas.

O que tentamos cultivar na psique de todos eles é algum terreno em que as coisas se "encarnem", aconteçam, tornem-se substanciais, algo dentro do que suas experiências de vida possam gravar-se. Tentamos desenvolver a mãe dentro deles, sua matéria-prima numa matriz sustentadora, algum substrato básico a partir do qual os movimentos psíquicos possam adquirir forma e ganhar corpo.

O curioso é quão literais se tornam essas nossas prescrições de terra. O analisando deve, real e literalmente, realizar alguma atividade concreta, que todo o mundo concordaria em chamar de "terrena". E, no entanto, todos sabemos que, mesmo quando as pessoas estão fisicamente envolvidas com a terra, não têm necessariamente o que consideraríamos terra psíquica. Uma pessoa pode cultivar seu próprio alimento e, ao mesmo tempo, girar num espaço mental e emocional com muito pouco solo psíquico. Portanto, não é apenas a terra física que realmente nos liga à divindade da Mãe Gaia, mas a terra psíquica, terra que se tornou almada com divindade, psiquicamente complexa e, como a de Hesíodo, tocada pelas musas metafóricas da alma.

No entanto, existe essa aparente dificuldade em falar de toda espécie de terra, porque há algo em sua natureza que nos faz tomá-la mais literalmente do que aos outros elementos. Se uma pessoa tem falta de ar, nunca a mandaríamos aprender a pilotar um avião[8]. Ou se o sonho de alguém indi-

---

8. HILLMAN, J. *The Dream and the Underworld*. Nova York: Harper & Row, 1979, p. 77.

casse que lhe falta água, fluidez, dificilmente o mandaríamos aprender realmente a nadar. Mas, quando uma pessoa carece de terra, tendemos a prescrever algo ligado de maneira bastante óbvia a ela, como adquirir uma casa de campo, cortar lenha, e assim por diante.

Mas não me entendam mal. Não estou dizendo que as musas da metáfora não possam aparecer nessas atividades. Apenas digo que necessariamente não precisam. Quanto mais insistimos em receitar essas atividades terrenas inteiramente literais, mais podemos estar bloqueando a aparição das musas e de uma genuína terra metafórica que brota do interior de uma pessoa, onde ela faz matéria (substância, continente) psicologicamente.

A psicologia profunda me parece ser um campo no qual essa sensação de terra, retrabalhada e mais metafórica, é muito pronunciada. É um campo no qual trabalhamos bastante visando beneficiar e preservar as metafóricas senhoras da alma. E, no entanto, ainda nos surpreendemos capturados pela armadilha dos literalismos da terra. Talvez ela apareça no sentimento de que nossa orientação particular é *o* caminho – e certamente começa com nossa convicção do que seja o mais "real". Pois aquilo que está "ligado à terra" e o que é "real" tendem a estar habitualmente inter-relacionados.

Na psicologia junguiana, alguns de nós consideram como o mais real a nossa mãe pessoal, a nossa infância, os seios de que concretamente nos nutrimos quando crianças. Outros acham que o empírico é o mais real – tudo aquilo que pode ser medido e testado. E outros ainda acham que o social é o mais real, e então procuram por interações sociais "genuínas" e exigem terapia de grupo. Outros, enfim, podem conceber os eventos sincronísticos como os mais reais.

Mas o que quer que tomemos como o mais real (e, enquanto junguianos, dependendo em parte se vivemos em Londres, São Francisco, Nova York ou Zurique), é isto que utilizamos como o nosso terreno materno. E esse terreno é extremamente importante: é o que dá aos nossos pensamentos fertilidade e substância, e às nossas terapias corpo e resultados. É o que alimenta nossos esforços psicológicos e faz com que importem.

No entanto, não devemos nos esquecer do outro lado da natureza da mãe (sua existência arquetípica enquanto falta, ausência e privação). Assim, não importa quão duramente trabalhamos em nosso campo, cada um de uma maneira específica, nunca o sentiremos completo. Sempre escondida no verdadeiro terreno em que trabalhamos há uma sensação corrosiva de ausência.

Em outras palavras, o que assumimos como o mais real, por exemplo, nossa mãe, é ao mesmo tempo o que nos dá uma sensação de insegurança. E então compensamos essa insegurança com nossa insistência. Assim, insistimos que se deve voltar atrás e reexperimentar a infância, reviver o dilema entre o seio bom e o seio mau, porque isso nos daria o solo e o corpo de que necessitamos. Ou dizemos que, para não se tornar deficiente, a psicologia junguiana deve ser testada e provada ao mundo. Ou, fartos de todo esse flutuar pelos ares falando sobre sincronicidade, devemos descer para onde as pessoas realmente vivem, umas com as outras, com suas emoções pessoais e seus envolvimentos na vida real.

Quando uma orientação luta com outras, a disputa é bastante séria, pois cada um de nós está defendendo a imperfeição de que dependemos porque é nossa mãe – o chão que deu e dá suporte às nossas atividades. Mas, por causa de nosso medo de sua natureza enquanto carência, lutamos por mais apoio, dando-lhe maior substância com firmeza sempre crescente. Como um herói solar, lutamos pela morte da ambiguidade da mãe, batalhando até a morte por um solo ampliado e pela substancialização da mãe. Assim identificados, descartamo-nos das atitudes menos heroicas que permitiriam à essência incompleta desse solo materno gerador entrar em conexão com as musas da metáfora, para as quais o solo carente é na realidade um solo fértil. A metáfora depende dessa sensação de falta, dessa sensação do "não é" que acompanha todo o "é"[9].

Devemos nos perguntar como essa literalização tende a ocorrer com a terra. No mito está uma das explicações. Mencionamos como Gaia criou o mundo a partir de si própria e até mesmo o seu próprio par, Urano. Todas as noites Urano, o céu, se estendia sobre a terra, amando-a. Mas mantinha os filhos assim gerados aprisionados na terra, o que causava a Gaia uma grande dor, que aumentava a cada novo filho, de modo que quando chegou o décimo segundo (sendo doze o final de um ciclo), ela maquinou uma solução final para essa carga sempre crescente. Assim, fez uma foice para castrar Urano.

Esse motivo da criança presa à terra nos sugere uma maneira de encarar o problema da literalização. Nasce uma criança, uma nova possibilidade, mas logo essa criança é presa na matéria. É aprisionada na terra (tornando essa terra apenas física, apenas matéria no sentido literal). Assim, o espírito da nova geração, ou sua psique ou sua alma, é sepultado numa terra meramente material. É interessante que, de acordo com

---

9. Como apontou Robert Romanyshyn, Conference for Archetypal Psychology, University of Dallas, 1977.

o mito, esse materialismo provoca muita dor à própria mãe Gaia. Ela é sobrecarregada com cada novo filho que lhe enterram em seu seio. É forçada a carregar o que nela foi projetado (como, p. ex., planos literais, objetivos, ou o que quer que seja), perdendo então suas possibilidades mais metafóricas, aquela parte imaterial de si mesma.

No mito, a mãe alivia sua carga ao voltar seu potencial destrutivo contra esse concretismo. Poderíamos chamá-la, nesse papel, de mãe negativa. Ela maquina uma castração e cria meios para tal. A foice que inventa, no entanto, é feita de ferro, esse metal tão importante para a construção da civilização. Assim, seu ato destrutivo não se dá sem algum benefício, e expressa sua dor pelo modo que, enquanto terra, está sendo usada.

Talvez, quando colocamos um número muito grande de nossos filhos, nossas possibilidades, dentro de explanações concretas e programas literais, enterrando o significado que têm para a alma ao vivê-los de forma materialista, não estamos favorecendo a mãe em nada. Estamos, sim, ofendendo-a e causando-lhe grande dor. Desse modo, deveríamos também reexaminar a fenomenologia de algumas mães negativas que aparecem em nossos sonhos e fantasias, procurando ver se a mãe negativa, a mãe castradora, não está tentando (com o seu jeito de nos diminuir, com a insegurança e inadequação que nos faz sentir) aliviar-se das solicitações concretas, da carga materialista que colocamos sobre ela. O que experimentamos como "castração" de nossos poderes no mundo poderia ser o que nos permite chegar a uma concepção mais psíquica da matéria. É possível, num sentido curioso, que o efeito da negatividade da mãe seja fazer-nos retornar para a alma. Ao destruir a camada superficial daquela terra em que pisamos, ou seja, nossas projeções literais sobre a terra (adquirindo sempre cada vez mais, estabelecendo-nos cada vez mais solidamente – nosso materialismo), talvez ela nos esteja dando oportunidade para um solo mais profundo, uma terra psíquica por debaixo das aparências superficiais e em contato com as musas.

*

Consideremos agora as crianças aprisionadas na terra de outra maneira. Podemos encará-las como as crianças em nós mesmos, que querem permanecer como tais, enterradas dentro da mãe, dentro do concreto. Há muitos modos de fazê-lo.

Um deles seria identificar-se com a criança e projetar sobre a mãe natureza uma bondade e um amor que abrace tudo. E então, uma vez que a mãe natureza é toda bondade, eu-criança também o sou, inocente, vulnerável, sem sombra e, na verdade, sem muito corpo. Não sinto vergonha – na verdade não *existe* vergonha – sou inocente. Esse estado poderia ser semelhante ao de Hesíodo antes das musas, antes que tivesse sido chamado, através de sua experiência de inadequação, separação e vergonha, para cultuar a mãe. Como a criança não sente vergonha, talvez também seja incapaz de prestar culto.

Outra possibilidade seria, para a criança, reforçar seu estado infantil vendo a mãe como inteiramente má. Esta seria a perspectiva e a visão justamente contrária à da mãe como inteiramente boa. Isso também negaria as possibilidades da mãe enquanto terra psíquica, complexa, trabalhada. Essa criança, atemorizada pela aspereza do mundo, permanece para sempre a criança não amada, mas, apesar de tudo, sempre criança.

Outro modo pelo qual permanecemos como crianças sepultados na terra é ao dividir nossa experiência da mãe em duas mães separadas: mãe boa/mãe má, seio bom/seio mau. Embora sejam expressos os aspectos opostos da mãe, eles foram separados e literalizados, concebidos como um "nada mais que" bom aqui e mau ali. E porque são literalizados, tendem a ser projetados no mundo como realidades externas. Essa substanciação e essa projeção lhe dão um poder extraordinário, de modo que em pouco tempo, ou de imediato, eu--enquanto-criança encontro-me bastante subjugado. Incapaz de resistir num mundo tão sobrecarregado com bons e maus, certos e errados, a criança definha ineficazmente. Tão importante é o mundo, que a criança se torna incapaz; a ambiguidade do mundo se torna a ambivalência da criança.

O mais frequente, no entanto, é nossa criança abandonar o modelo nesse ponto e se mover em direção ao modelo vizinho, o do herói. Então os atributos mais obscuros da mãe aparecem como o dragão que deve ser heroicamente morto. A criança-que-virou-herói agora cria coragem e lança-se à carga para empreender (o que logo se torna uma contínua) uma batalha com a mãe obscura que agora se tornou um monstro.

Ao se opor heroicamente à mãe, esta se torna um monstro. Nosso senso religioso a respeito dela se perde. Sua natureza enquanto não ser, ausência, carência, não mais participa de seu mistério – o que a torna maior do que nossas próprias sensações estreitas de vida e realização. Antes, torna-se uma força contrária que devemos dominar e conquistar. Assim, ela enquanto terra é substituída por nosso egocentrismo, nossas ilusões de competência, autossuficiência, egocapacidade. Negamos a divindade da terra e trocamos seu solo por suas complexidades, suas criaturas ctônicas e nos envergonhamos por nossas fantasias de bondade, de saúde e de realização objetivadas, limpas e sempre autoprogressivas.

Quanto ao herói, a dificuldade é que ele toma literalmente a negatividade da mãe. Sua natureza enquanto ausência, não ser, torna-se algo real, um inimigo a ser guerreado; sua feminilidade e passividade se torna um súcubo para aquela vida heroica fixada numa realização progressiva. O resultado é uma super-realização e uma superprodução heroicas, que precisam ser opostas por profecias igualmente literais de condenação e destruição. A mãe enquanto carência, enquanto negação, retorna sob a forma de profecias de destruição; uma derradeira e literal catástrofe. Uma vez que a terra é tomada tão literalmente, o negativo reaparece em presságios de uma destruição igualmente literais.

O complexo materno do herói é caracterizado por suas lutas para se colocar acima, distante e além da mãe. E por causa de seus trabalhos heroicos para se livrar dela, ele é que está mais firmemente ligado a ela. Seria melhor para a Mãe Terra que se atendesse a seu movimento em direção às regiões mais distantes de suas profundezas. Pois as profundezas da mãe são o mundo das trevas. O reino original de Gaia incluía ambos os reinos superior do crescimento, nutrição e vida, e o mundo subterrâneo da morte, da limitação e do fim.

Devemos descrever algo desse mundo das trevas, para podermos apreciar como é surpreendente que esse reino tenha sido outrora parte de nossa Mãe Terra.

O mundo das trevas era um reino pneumático, aéreo. Lá os seres, chamados sombras (*skiai*) ou imagens (*eidola*), eram insubstanciais, como o vento[10]. Era um reino em que os objetos não podiam ser apreendidos fisicamente, ou seja, tomados

---

10. CUMONT, F. *After Life in Roman Paganism*. Nova York: Dover Press, 1922, p. 166.

literalmente, mas apenas sentidos em sua essência emocional. Ulisses, por exemplo, em sua visita aos infernos, clama por sua mãe; mas quando tenta abraçá-la fisicamente, percebe que ela é apenas uma sombra imaterial. Pessoas e objetos não podem ser fisicamente segurados no mundo das trevas. É um reino do não concreto, do intangível.

Ainda assim, uma essência de personalidade é preservada. Diz-se que Cérbero despedaçava a carne das pessoas que entravam, deixando apenas seu esqueleto, essa forma essencial sobre a qual a carne de cada vida foi modelada. Esse sentido de essência mostra-se também nas repetições que algumas sombras executam (tais como Ixião em sua roda, Sísifo e sua pedra, Tântalo e sua eterna fome e sede). Essas repetições podem ser encaradas simbolicamente como o padrão característico de cada personalidade individual.

O mundo das trevas é sem cor[11]. Mesmo o tom negro não aparece, exceto nos sacrifícios que o mundo superior lhe oferece[12]. Eis por que enfatizamos a experiência do obscuro ligada a Gaia, pois negra é a nossa experiência do mundo das trevas a partir do mundo superior, nosso caminho para dentro dele. Mas uma vez lá, situamo-nos, por assim dizer, mais fundo que nossas próprias emoções. Estamos sob a depressão, o humor sombrio, tendo submergido nela até onde ela não mais existe. Quando não nos apegamos mais à luz, o escuro perde sua própria escuridão.

No mundo das trevas estamos entre as essências, os aspectos invisíveis do mundo superior. A palavra "Hades"

---

11. KERÉNYI, K. *The Gods of the Greeks*. Londres: Thames & Hudson, 1961, p. 247.

12. CUMONT, F. *After Life in Roman Paganism*... Op. cit., p. 166.

significa o invisível, ou "o que dá invisibilidade"[13]. É o reino profundamente inferior ao mundo concreto e que de alguma forma está no interior dele, do mesmo modo como a semente reside na planta adulta e no entanto é sua limitação inerente, sua estrutura, seu *telos*.

Mas ocorreu uma ruptura entre os aspectos superior e inferior da terra de Gaia. Seu reino superior se tornou *Ge--Demeter*, enquanto o inferior se tornou *Ge-chthonia* relegado a Perséfone[14]. O primeiro se tornou um reino de Deméter, da vida concreta, do dia, despido dos valores espirituais, sendo a sensação de essência e do obscuro (e abaixo do obscuro) conduzida por sua filha subterrânea, Perséfone. Enquanto não se reúne a ela, Deméter sofre inconsolavelmente. E nós, sem um sentido religioso que inclua e nos ligue com as grandes profundezas e a insubstancialidade essencial da terra, sofremos também.

Em nossos esforços para estabelecer um mundo "real" sólido, ao fazermos a mãe carregar nossa concretude, perdemos um aspecto de sua sustentação – que não tem muito a ver com crescimento em nenhum de seus sentidos concretos, esse nosso desenvolvimento no mundo superior. Tem, sim, muito mais a ver com nossa mãe no mundo das trevas: a Perséfone

---

13. KERÉNYI, K. *The Gods of the Greeks...* Op. cit., p. 230. Cf. tb. ROSE, H.J. *A Handbook of Greek Mythology*. Londres: Methuen, 1965, p. 78, onde ele sugere que o nome Hades pode também ser derivado foneticamente do "Não visto".

14. Enquanto Deméter, como Gaia, aparecia imagisticamente como o milho a ser colhido, ou maduro, nunca aparecia em conexão com a semente no solo, ou com figuras do mundo das trevas como fazia Gaia. Cf. FOWLER, W. *The Religious Experience of the Roman People*. Op. cit., p. 121. Essa ausência do aspecto de mundo das trevas de Deméter torna uma Perséfone do mundo das trevas "necessária".

que reina sobre nossas almas em seus aspectos essenciais, limitadores e imateriais; e com aquela mãe original de todas as coisas – Gaia – que é a Terra e, mesmo assim, sem contradição, aquele solo mais profundo que nos sustenta abaixo da aparência física da terra, o não ser abaixo e no interior do ser. Nossa frutificação – nossa fecundidade, nosso senso do que "importa" – tem suas raízes em nossa própria incerteza, em nossa sensação de falta.

2 A neurose e o rapto de Deméter/Perséfone*

Meu interesse particular no mito é entender seu funcionamento na vida das pessoas, na prática psicológica e na psicopatologia. Jung deu uma base extraordinária para tudo isso com a sua compreensão original do mito como sendo o conteúdo das psicoses. Então, em *Símbolos da transformação* continuou a traçar paralelos entre os processos na mitologia e na esquizofrenia. Estou interessada em utilizar o mesmo tipo de paralelo entre a mitologia e os mais enfadonhos processos nas neuroses – particularmente as defesas e as resistências. Isso me parece útil, visto que lidamos com tais processos neuróticos primariamente em termos de "mecanismos de defesa" freudianos, por um lado, ou processos de interpretação personalista (reações transferenciais), por outro. Enxergar essas defesas também arquetipicamente amplia a base de nossa compreensão e ajuda a estender os *insights* de Jung sobre as psicoses, de fato sobre todo o fenômeno psíquico, também para o funcionamento mais específico dos padrões neuróticos. Primeiramente, no entanto, o trabalho é

---

* Este texto foi publicado inicialmente na Revista *Spring*, 1975.

localizar mais precisamente onde determinados padrões se encaixam do ponto de vista arquetípico, e até mesmo onde podem ser necessários em um mito.

Deméter é um exemplo de uma figura mítica evidenciando comportamento neurótico. Ao abordar essa figura e seu mito, contudo, não vou fazer uma "interpretação". Não vou lidar com os eventos de sua narrativa passo a passo, tornando-os coerentes e "encaixados" como numa narrativa ou numa história de caso. Em vez disso, lerei a história como uma imagem mítica[1], como se não houvesse início nem fim, como se tudo fosse contínuo e para sempre.

A consciência de Deméter tem a ver com "vida", a vida das estações, o crescimento do grão, a vegetação agrícola. Ela é uma Mãe Terra[2], mas num sentido limitado importante: ela sofre uma perda extrema dentro da sua intensa maternidade, o rapto e abdução da sua filha Perséfone. Além disso, esta perda é auxiliada pela maior e mais antiga deusa da terra,

---

1. Cf. "Uma abordagem ao sonho", cap. 4 (especialmente "Simultaneidade"), onde tento apresentar a base teórica para esta abordagem aos produtos da imaginação.

2. De acordo com KERÉNYI, C. *The Gods of the Greeks*. Londres: Thames & Hudson, 1961, p. 184. *Da* era um antigo nome para Ga ou Gaia, de forma que Da-mater (depois tornada Deméter) tinha a ver com a qualidade da Mãe Terra. Ao contrário, Martin P. Nilsson (*Greek Popular Religion*, p. 51, citado abaixo por Guthrie) sustenta que Deméter é a deusa do grão, mais do que da terra ou da vegetação num sentido mais geral. Em *The Greeks and their Gods* (Londres: Methuen, 1968, p. 283n., W.C.K. Guthrie refuta Nilsson ao afirmar: "Tal evidência, no que diz respeito aos povos pré-gregos da bacia do Egeu, sugere a reverência difundida de uma deusa que era considerada como a mãe de toda a vida vegetal e animal". Michael Grant, em *Myths of the Greeks and Romans* (Mentor, 1962, p. 128), também apoia uma visão mais geral de Deméter como terra. Para os propósitos deste ensaio e, de acordo com Kerényi, Guthrie e Grant, consideramos Deméter como deusa da vegetação (grão como *pars pro toto* para a vegetação agrícola).

Gaia (aquela que cultiva a sedutora flor para Hades) – como se a natureza no nível de Gaia entendesse o rapto como necessário[3].

Bem, a fim de entendermos em que esta atitude de Gaia implica, temos que ter alguma ideia do que significa um rapto para o mundo das trevas. Mas eu não quero prosseguir em direção a amplificações mitológicas sobre o mundo inferior – isso já foi feito em outro lugar[4]. Deixe-me apenas dizer que entendo o mundo das trevas inferior como o reino das almas. Na verdade, para os gregos homéricos, a psique era encontrada *apenas* no Hades. O mundo das trevas – não a vida – era o lugar da psique. Poderíamos facilmente cair num dualismo acerca disso, e ver o mundo das trevas como alma e o mundo da superfície como vida física e mundana. Então, é importante lembrarmos que a Mãe Terra Gaia, que sustenta toda a vida física, foi ao mesmo tempo uma cúmplice de Hades. Para ela, o mundo das trevas é também uma parte da natureza. A par-

---

3. Kerényi, "Kore", em *Essays on a Science of Mythology*, com C.G. Jung (Princeton: Princeton University Press, 1969, p. 136) diz: "[...] a paciente tolerância da mãe absoluta está totalmente ausente nela [a donzela]. Não é sem razão que Gaia apoia e favorece o sedutor no hino Homérico. Do ponto de vista da Mãe Terra, a sedução e a morte não são nem um pouco trágicos ou mesmo dramáticos". No "Hino a Deméter" (*The Homeric Hymns*. 2. ed. Spring Publications, 1979, p. 89s. [trad. Charles Boer]) se diz: "[...] mesmo narciso / em cuja Terra, / como um truque, / cresceu / para esta garota, / como um favor para / Aquele que Recebe Muitos, / e com Zeus / permitindo isso / (seu brilho / era maravilhoso!). / [...] / ela estendeu / as suas duas mãos / para colher / essa coisa maravilhosa. / Mas a terra, / com muitas enseadas, / abriu-se! / [...] e surgiu / Aquele Que Recebe Muitos".

4. Cf. HILLMAN, J. *The Dream and the Underworld* (Nova York: Harper & Row, 1979), para uma descrição mais completa dos atributos físicos do mundo das trevas. Cf. tb. ROSE, H.J. *A Handbook of Greek Mythology*. Londres: Methuen, 1965, p. 79: "Tudo o que resta [no mundo das trevas] é a psique ou o alma-sopro..."

tir da perspectiva de Gaia, podemos ver Deméter e Perséfone como um par, ou seja, como aspectos uma da outra – então quando um dos aspectos está fazendo alguma coisa, o outro também compartilha dessa atividade[5].

Para cuidar do crescimento psíquico e do crescimento da vegetação, Deméter/Perséfone devem discriminar uma coisa da outra. Ou talvez, o cuidado de Deméter *seja* uma discriminação natural, embora muito provavelmente não seguindo as linhas de Lineu [Carolus Linnaeus] (gênero, espécie e sexo), mas mais em termos de lugar e estação, aquilo que cresce, aonde cresce e quando cresce. Objetos naturais são particulares, os quais requerem solo particular, condições climáticas apropriadas e cuidado. Com esse tipo de discriminação natural, os produtos são perceptivelmente

---

5. Esta proximidade de identidade entre Deméter e Perséfone tem sido mostrada também de muitas outras formas. Em "Os aspectos psicológicos da Core" (*Science of Mythology*), Jung chega a uma afirmação geral sobre a unidade mãe/filha (p. 162): "Nós poderíamos então dizer que toda mãe contém sua própria filha e toda filha sua mãe, e que toda mulher volta-se para trás em direção à sua mãe, e para frente em direção à sua filha". Kerényi ("Kore", p. 137) sustenta a unidade Deméter/Perséfone porque "a peculiar fluidez do estado original mitológico pressupõe uma unidade com o mundo, uma perfeita aceitação de todos os seus aspectos [...] entrando na figura de Deméter, percebemos o princípio universal da vida, que é ser perseguido, roubado, raptado, *fracassar em compreender*, enfurecer-se e afligir-se, mas então retornar e renascer". Então, mais tarde, em "Epilegomena" (p. 178-179), Kerényi afirma: "[...] nosso *insight* sobre a identidade fundamental de Deméter e Perséfone [...] está baseado sobre a realidade psíquica e na tradição que testemunha a existência da realidade psíquica na Antiguidade". Kerényi então cita Otto: "Deméter, enlutada por sua filha, está enlutada por algo que lhe é naturalmente familiar, que dá a impressão de um duplo mais jovem". Todos os aspectos de sua unidade são trabalhados mais extensamente no grande estudo de Kerényi, *Eleusis: Archetypal Image of Mother and Daughter* (Londres: Routledge & Kegan Paul, 1967 [Trad. de Ralph Manheim]).

separados uns dos outros, mesmo enquanto podem crescer juntos, lado a lado. Como Perséfone está em casa com as essências do mundo das trevas, ela percebe as diferenças do mundo da superfície[6]. Por isso, entendo que a apreciação das diferenças no reino da natureza em Deméter é também uma percepção da essência do reino em Perséfone – onde essência é o "Não visto", a semente escondida da romã, ou o "invisível"[7]. Desse modo, notar as diferenças do mundo de cima é ao mesmo tempo perceber mediante uma consciência inferior dos *in*visíveis. Então, aquilo que temos chamado de percepção não é tão somente no sentido usual da palavra, mas sim um aprofundamento dos objetos concretos pela percepção dos mesmos como germinações do reino de Hades. A partir dessa perspectiva, o mundo concreto natural, diferentemente de sua negação mística, é o verdadeiro caminho e expressão da alma. Deméter/Perséfone veem tão profundamente dentro dos objetos que enxergam através de-

---

6. Embora suas razões variem, os classisistas tendem a concordar que Perséfone desempenha um papel essencial na vida atual das colheitas. A maioria deles explica isso naturalisticamente, como se Perséfone fosse ela própria uma planta e devesse passar um terço do ano, o tempo em que os campos estão vazios e estéreis, embaixo da terra (cf. p. ex., GUTHRIE, p. 284). Dar uma explicação mais psicológica de Perséfone como a vida de uma planta requereria uma observação metafórica da própria planta, para averiguar as qualidades inerentes ao mundo inferior em *todos* os estágios do seu desenvolvimento. Considerar a morte orgânica meramente como o fim é uma redução muito literal das qualidades do mundo das trevas, que podem ser consideradas presentes dentro e durante toda a vida, e não apenas no seu término.

7. KERÉNYI, C. *The Gods of the Greeks*, p. 230: "o significado de Ais, Aides ou Hades é mais provavelmente 'o invisível' ou 'aquele que torna invisível', em contraste com Hélios, o visível e o que torna visível" Cf. tb. Rose, p. 78, onde Hades é derivado foneticamente de "o Não visto".

les[8]. E quando alguém vê tão profundamente por dentro da natureza, a vida do broto acima do solo ganha um profundo significado abaixo da terra. A germinação e seus frutos são significativos, e o que é feito com eles é importante também.

Vamos tentar nos aproximar dessa significação. Ela é, antes de tudo, mais profunda e mais perceptível do que um mero "entusiasmo" pela natureza – uma garota extasiada com seu gérmen de trigo. Pergunto se essa espantosa abordagem sobre a natureza é realmente verdadeira. Deméter é, acima de tudo, primariamente uma deusa depressiva. Em certo momento, é verdade, ela muda repentinamente para um estado de prazer menádico com o retorno de sua filha[9]. Mas isso é vivido brevemente. Seu humor latente e essencial é pesadamente terreno e subterrâneo. Ela não fica extasiada por muito tempo, e nem acredito que é ela quem procura pelo "significado" e a "verdade". Ela procura meramente por sua filha – o componente subterrâneo que lhe pertence desde que nasceu. E com esse laço de parentesco vem sua significância e a significância de tudo o que ela faz. Se ela cozinha com esse tipo de ingrediente ou outro faz diferença – não porque um deles é desenhado para espalhar os efeitos "não naturais" da civilização – mas porque o sabor é diferente – e isto realmente *faz* a diferença. Mas, novamente, a significância não tem a ver com significado. Não é porque alguma folha-de-louro está misturada ao tomilho e outra ao alecrim, mas porque para o sabor de Deméter eles são *sensualmente* diferentes. Os momentos sensuais diários da vida, quando vistos em termos

---

8. Hécate, o terceiro componente feminino dentro da história, é chamada de *phosphoros*, a que traz a luz (KERÉNYI, C. *Science of Myhtology*, p. 110). Hécate então sugere a *lumen naturae*, a luz da natureza.

9. "Hino a Deméter", p. 125.

da vida subterrânea (morte), tornam-se distintos e separados, e cada momento da sensação torna-se significativo. Não há jeito da vida ser experimentada como "apenas vida", apenas continuar, apenas fazer as coisas. A vida carrega uma significância dos sentidos. Os sentidos tornam-se então totalmente revigorantes por que a sensação os pega e os incorpora ao mundo das trevas.

Mas devemos retornar agora para nossa linha principal de discussão – a neurose. Uma das coisas curiosas sobre os arquétipos é que eles facilmente aparecem tanto como patológicos (anormais) quanto como normais. Essa normalidade/anormalidade do arquétipo é útil para a neurose e sua terapia. Essa ideia implica que em um e mesmo padrão arquetípico recai tanto a patologia quanto sua terapia. Se tomarmos seriamente a máxima tradicional do "semelhante cura semelhante", então uma vez que reconhecemos um padrão arquetípico, conhecemos uma ótima forma de curá-lo. Ou seja, tratamos esse padrão com ele mesmo – ao aprofundá-lo, expandi-lo (e assim ele não fica mais tão estreitamente fixo) e dar a ele substância, corpo (assim ele pode agora começar a carregar o que está tentando expressar). Mas a dificuldade com qualquer sintoma neurótico é que ele não apenas expressa alguma coisa (seu *telos*, seu propósito intencional, ou sua finalidade, como diria Jung), ele também tenta manter a certeza de que aquele objetivo nunca será alcançado (como disse Adler certa vez).

Para uma explanação desta situação de "autodefesa", devemos lembrar a descrição de Freud sobre o sintoma como uma solução de compromisso. O sintoma realmente expressa o conteúdo reprimido. Mas essa expressão é parcial, um tipo de símbolo de forças para o inconsciente, que torna possível a sua contenção, pelo sintoma ou no sintoma. Uma repressão total traria o risco de um colapso total, mas essa repressão parcial permite a segurança de um compromisso, uma contenção neurótica. Dessa forma, o sintoma atua como uma válvula de segurança, permitindo a existência continuada daquilo que é reprimido. Então, o estigma real de uma neurose é que ela usa a si própria para defender-se contra si mesma, usando superficialmente seus próprios conteúdos para se defender contra qualquer entrada mais profunda nesses conteúdos. Podemos inverter a máxima do "semelhante cura semelhante" e ler também como: "semelhante *defende* contra semelhante".

No estilo de psique de Deméter, como podem tais defesas aparecer? Para começar, o seu sofrimento pode se manifestar neuroticamente. Isso pode ser entendido como a qualidade do "sofrimento pelo sofrimento", ou aquela angústia para evitar uma dor profunda.

Mas devemos ser cuidadosos, porque essa necessidade para sofrer é também bastante genuína. Existe uma razão teleológica para ela. Deméter *necessita* de sua filha subterrânea, e é através do sofrimento da mãe que essa necessidade é expressa sintomaticamente. Seu sofrimento é seu compromisso com o rapto: sua maneira de experimentá-lo e recusá-lo. Colocando isso de outra forma, o rapto de Perséfone é experimentado como a neurose de Deméter. E essa neurose está continuamente presente dentro do arquétipo. Visto que os mitos são eternos e nunca completamente resolvidos na vida, podemos esperar que certas partes das nossas personalidades estejam em perpétua obediência a algumas das mais desagradáveis excentricidades míticas. Quando em sintonia com Deméter e recebendo seus presentes, também posso esperar algumas das dificuldades que a acompanham e tendências inconscientes desse arquétipo. Então, muitas das minhas necessidades serão sempre aprofundadas teleologicamente na direção do Hades, o reino da minha filha. Então eu sofro, e ainda assim também resisto – porque isso também é parte do meu padrão mítico. Não há caminho para *fora* de um mito – apenas um caminho mais profundamente dentro dele.

Mencionamos o sofrimento como em si uma medida defensiva. Podemos ampliar isso, incluindo o fenômeno que Freud descreve como luto. Freud vê o luto como uma agressão contra o objeto perdido, agora voltado para o interior. Então puno-me a mim mesmo, e eu adicionaria a punição aos outros, por meio de deslocamento (o enlutado ou depressivo que pune os outros, ou envenena a atmosfera com o seu humor negro).

Quando vemos o mecanismo da agressão internalizada de Freud a partir de um olhar mais junguiano, imediatamente percebemos que a agressão introvertida corresponde exatamente à mesma ideia da agressão extrovertida em Freud. Pois o que é punido é o componente arquetípico, a filha Perséfone, onde quer que tenha de acontecer, externa ou internamente. Uma Deméter enlutada que perdeu a filha, portanto, odeia a filha e tudo aquilo que o mundo das trevas agora representa. Neuroticamente, a consciência de Deméter apega-se fervorosamente (e destrutivamente) a tudo do mundo de cima, negando inflexivelmente os atributos do mundo das trevas, tais como a precisão (a casa torna-se uma confusão), a discriminação (uma coisa é tão boa como a outra – todos os sentimentos e todas as sensações têm igual valor e nenhum valor), o sentido da essência (as coisas obtêm valor pela sua superficialidade, e não pelos seus atributos subterrâneos) e o sentido do significado (o comum perde sua ligação com os deuses, o arquetípico, e torna-se então "nada mais do que isso").

A consciência de Deméter torna-se depressiva e, dentro dessa depressão, podemos enxergar muitos atributos classicamente psiquiátricos: ela para de se banhar[10], para de comer[11], oculta sua beleza[12], nega o futuro (suas possibilidades de renovação e produção), regride para a forma de uma serviçal aquém das suas habilidades[13] (ou vê suas tarefas como subalternas), torna-se narcisista[14] e autocentrada, vê (e, de fato, engendra) catástrofe em todo o mundo, e chora incessantemente. A depressão de Deméter manifesta-se conscientemente como ascetismo seco estabelecido (sem banho, sem co-

---

10. Ibid., p. 93: "Nenhuma vez ela / mergulhou seu corpo / em banho".

11. Ibid.: "e nenhuma vez ela provou / da ambrosia, / ou daquela doce infusão / néctar, / porque ela estava de luto". Rose menciona (baseado em GUTHRIE, p. 220) que os tabus a respeito da comida e do vinho eram ritos ctônicos característicos. Podemos olhar para as dificuldades de ingestão da comida, tanto a anorexia quanto a compulsão alimentar, como contrários aos pressupostos desses ritos. Sabemos também que o porco é um animal sacrifical de Deméter. Kerényi (*Science of Mythology*, p. 118) conta uma variação órfica da história do rapto, na qual um criador de porcos, Eubuleu (um nome também de Hades), é testemunha do rapto, e seus porcos são engolidos pela terra junto com Perséfone. Existe também a história na qual Deméter, perturbada com o luto pela sua filha, vai embora para longe e inadvertidamente come o ombro de Pélope (ROSE, p. 81). Aqui, Deméter come com tamanha naturalidade que ela não tem consciência do que está comendo. E quando Deméter pensa em imortalidade é através do cozinhar, isto é, assando Demofonte.

12. "Hino à Deméter", p. 97: "ela foi para / as cidades dos homens / e seus pastos / escondendo sua beleza / por um longo período". E p. 98: "parecendo / uma velha mulher / que não podia filhos gerar / para além que não merecia os presentes / de Afrodite".

13. Ibid., p. 101.

14. Ibid., p. 96: "Mas deusa, / pare / seu próprio grande lamento. / Isso não se adéqua a você, / esta fúria que é / tão vã / e insaciável".

mida, sem sensualidade) e autonegação. Contudo, lado a lado com essa secura, ela chora com "uma ira insaciável e inútil"[15]. Então sua umidade é de um efeito seco[16], um excesso de lágrimas que nem umedece, nem cria fluxo ou conexão. Não existe *anima* nessa umidade. Esse é um tipo de aguaceiro contínuo que desgasta mais do que abastece o solo, tornando-o sempre mais seco e menos fértil.

Outra peculiaridade da depressão de Deméter é a sua tendência a procurar refúgio entre os humanos, o mundo social, a cidade[17]. Ela não vai sozinha para as florestas como Ártemis, nem tenta provar sua autossuficiência como Hera, nem corre para o amor como Afrodite. Ao invés disso, rompe sua conexão com os deuses e procura refúgio na cidade, o mundo dos eventos cotidianos, a "realidade". Assim, pode se defender das suas próprias necessidades profundas usando "a realidade como desculpa". Isso torna "impraticável" atender sua alma. Ela não tem tempo. Isso não é um problema seu. Ela precisa cuidar das crianças e da vida doméstica (tarefas que ela deve estar fazendo inadequadamente, apenas superficialmente, de qualquer forma). Então, realmente as necessidades da alma de Deméter começam a se inclinar para caminhos que de fato *são* impraticáveis[18] e antissociais. Ela talvez expresse

---

15. Ibid.

16. Que a água possa secar encontramos relatado em uma outra história: Proserpina (Perséfone) joga água no rosto de Ascálafo, transformando-o em um pássaro, uma criatura do ar (OVÍDIO. *Metamorfoses*, V, 543).

17. "Hino à Deméter" p. 97: "ela se retirou / da companhia dos deuses / e do grande Olimpo, / foi para / as cidades dos homens / e seus pastos".

18. A consciência de Deméter tende a viver a vida de forma natural, no sentido horário; contudo, para conectar-se com sua filha, ela deve começar a viver de uma maneira *contra naturam*, no sentido anti-horário também. Kerényi (*Science of Mythology*, p. 134) frisa como os rituais, "se dançados

essas necessidades em tentativas de suicídio (literalizando a morte como Hades), em conversão religiosa (retratando sua necessidade de espírito), ou abandonando sua família, rompendo com seu casamento, vivendo desesperadamente alguma farra ou mesmo um caso (numa deslocada imitação de sua filha Perséfone).

Tal como no conto homérico, o narcisismo de Perséfone (a flor de Narciso) faz Hades apoderar-se dela, o narcisismo de Deméter ajuda a conectar, e ainda assim despotencializar, as forças do mundo subterrâneo. Uma maneira de observarmos isso está na incessante autoindulgência do seu sofrimento. Suas lágrimas secas desgastam o solo, seu sofrimento engendra sofrimento por todo o mundo, seu luto enluta a tudo. E continuamente, como se seu sofrimento se retroalimentasse – onde está a sustentação para tal alimentação, visto que todos os dias a vida vai de pior a pior? É como se esta repetição fosse mimética de uma outra característica do mundo das trevas – o ciclo infindável pelo qual a essência se expressa (exemplo, Ixião preso à roda, ou Sísifo e sua pedra)[19]. No mundo de cima, essa essência cíclica infindável é expressa como repetição[20]. Emoções aparentemente sem sentido são compelidas à repetição várias vezes, infrutiferamente, como que para se conectarem com a essência embaixo delas, o reino de Hades.

---

em honra de Perséfone, devem ir como se fossem *em direção contrária*, ou seja, para a esquerda, a direção da morte".

19. Para uma relação mais extensa das repetições no mundo das trevas, cf. Rose, p. 81.

20. Um aspecto da repetição neurótica é a sua natureza parcial. O ato deve ocorrer repedidamente, como se fosse completo em si mesmo. A repetição é um bom exemplo do sintoma como solução de compromisso, expressão e defesa ao mesmo tempo.

Visto que a depressão de Deméter a conduz em direção ao reino dos homens, em vez de a levar para longe dele, seu modo de regressão a leva para a proximidade, negligenciando suas conexões com o divino. Ao perder a conexão com aquilo que ela é, uma deusa, ela infla o componente pessoal, e então as pequenas confusões da vida tornam-se de grande valor. O significado no pequeno torna-se o pequeno inflado de significado. A proximidade de Deméter com os humanos se tornou, na verdade, uma defesa contra as profundezas divinas, e isso resulta em uma proximidade que é banal, mesquinha, e acima de tudo, pessoal. Um enfeitiçamento aparece[21], e o pessoal torna-se presunçoso quando Deméter se senta em seu "suntuoso" templo[22], sufocada em eventos mundanos, afastada do Olimpo.

Uma vez que ela está dissociada tanto do Olimpo como do Hades, esse padrão neurótico pode se tornar de fato muito destrutivo. A mundanidade de Deméter torna-se agora o peso que sufoca todo o potencial vivo. Ela esconde as sementes na

---

21. A feitiçaria que às vezes aparece na condição neurótica de Deméter sugere sua ligação com Hécate (cf. nota 8). Até mesmo os nomes Perséfone e Hécate estão conectados: Perse, Perseis, Perses, Perseus e Persaios são também nomes usados para Hécate e a ela associados (KERÉNYI. *Gods*, p. 113). Além disso, Hécate possuía qualidades de fertilidade (ROSE, p. 121), cuidadora e nutridora (KERÉNYI. *Gods*, p. 113). Também próprios de Hécate eram o cão, a cadela e o obsceno (cf. Baubo, apud KERÉNYI, *Gods*, p. 244); ela também era a deusa para quem o lixo era cerimoniosamente oferecido (ROSCHER, W.H. *Lexikon der Griechischen und Römischen Mythologie*. Hildesheim: Olms, vol. 1/2, p. 1889). Uma vez que Deméter rejeita o mundo das trevas e Hécate tem seu lado subterrâneo, devem ser esperadas que algumas das qualidades sombrias de Deméter apareçam na forma de Hécate, "a irmãzinha". Quando Deméter regressa para sua solidão, ela pode ficar ao mesmo tempo sem irmã – tanto próxima quanto meio bruxa, não relacionada.

22. "Hino". Op. cit., p. 116.

terra[23]. Ela não apenas aparta-se do Olimpo, como também agora toda a conexão entre o homem e os deuses está ameaçada[24]. A consciência é nivelada ao pasto, ao horizontal, e o espírito permanece não cultivado, embaixo da terra. A existência cresce estéril e infrutífera. Como Deméter está apartada do Hades, ela agora decreta a mortificação dele – porém, ao seu próprio estilo, e por isso ela mata a terra. Encontrar-se e se reunir com o espírito da sua filha se torna uma questão de sobrevivência psíquica.

Mas do que se trata esta reunião? Ou, falando terapeuticamente, quais são as suas precondições necessárias? Aquela Deméter que sofre profundamente e causa sofrimento aos outros não garante transformação para o futuro. Excluindo a graça divina ou a remissão espontânea, ela poderia seguir na sua neurose para sempre. É claro, um outro arquétipo pode ser constelado, trazendo-lhe dessa forma um alívio. Mas esse tipo de alívio seria mais uma forma derivada de uma "cura de repouso", ou uma "mudança de cenário", e evitaria uma penetração nas profundezas de seu próprio arquétipo. O tipo de movimento no qual estamos realmente interessados seria aquele para dentro do seu próprio arquétipo, para dentro da sua própria substância. Para tanto, seria primeiramente necessário que o seu arranjo de compromisso fracasse. O sofrimento da consciência de Deméter deve se tornar insuportável para aquilo que o carrega, a sua neurose. A intencionalidade

---

23. Ibid., p. 121s.: "Porque ela está pensando sobre / o enorme feito / a secura / da fraca raça / dos homens / que nascem na terra / concedendo / suas sementes / no solo / e então aniquilando / as honras / dos deuses / [...] / mas ela senta, / longe deles / dentro de um templo perfumado, / e ela nunca abandona / a cidade de pedras /Eleusis".

24. Cf. nota 23.

subterrânea dos seus sintomas deve se tornar insustentável para seu continente da superfície.

Bem, como tal fracasso seria sentido pela consciência de Deméter? Pode muito bem ser sentido como um estupro. Pode muito bem ser sentido como alguma coisa acontecendo *a* ela – já que isso é a última coisa que ela sente querer e precisamente aquilo de que ela se defende. Então, uma força fálica irrompe de baixo, através do chão de sua consciência, de suas defesas terrenas, e toma a protegida donzela dentro do aconchego materno, da inocência da vida.

De fato, a consciência de Deméter tende a atrair o rapto e a violência para si mesma. Conhecemos duas histórias nas quais a própria Deméter é raptada. Em uma, fugindo dos avanços de Poseidon[25], ela se transforma em uma égua – uma escolha de transformação peculiar na qual o estupro pode ser consumado de forma bem natural. Poseidon, em sua forma original de cavalo, e ela, mansamente, uma égua. A segunda história é aquela que Deméter cria para explicar sua infeliz circunstância para as filhas de Celeu[26]. E como em todas as mentiras, esta contém alguma verdade psicológica. Nela, Deméter tece uma elaborada fantasia na qual foi raptada por piratas e carregada para bem longe de sua terra natal. Podemos certa-

---

25. De acordo com Kerényi (*Gods*, p. 181), o nome Poseidon pode até mesmo significar "Marido da deusa Da" (cf. nota 2 para a conexão entre Da e Deméter). Além disso, o sobrenome Gaiaochos de Poseidon significa "Marido da Terra". Poseidon também carrega qualidades do Hades e do mundo das trevas: ele e a Terra são algumas vezes inimigos (ele combate os filhos dela, os Gigantes) – e ainda, como Hades, ele é também de alguma forma um nutridor. Um dos seus epítetos é Phytalmios, ou cultivador de plantas (ROSE, p. 66-67). Então, o rapto de Deméter por Poseidon tem paralelos simbólicos curiosos com o rapto de Perséfone por Hades.

26. "Hino". Op. cit., p. 100-101.

mente dizer que através do rapto de sua filha, Deméter foi raptada do seu chão natural; mas o interessante é que *ela* constrói isso como um movimento horizontal (de Creta a Thorikos) em vez de um movimento vertical que descreve mais fielmente o rapto de sua filha. Mais uma vez, a consciência de Deméter enxerga os eventos acima e através da superfície da terra, em detrimento da radical e temível mudança de perspectiva que veria esses mesmos eventos como abaixo, nas profundezas.

E ainda assim, aceitarmos nosso próprio rapto, em direção ao mundo das trevas, não é uma tarefa fácil, visto que por definição isso deve acontecer *para* nós e para aquela parte nossa mais inviolável – a virgem. Deixe-me qualificar isso: não é qualquer virgem que consteia ou necessita o rapto, mas primariamente Perséfone, cuja inocência devastadora e provocante semiconsciência conduzem de qualquer forma aos reinos inferiores, quaisquer que sejam eles. Para outras figuras virginais, como as deusas Ártemis e Atená, o rapto seria uma monstruosidade arquetípica, uma verdadeira destruição do arquétipo ao invés de um aprofundamento nele. De modo prático, podemos colocar dessa forma: o rapto é um horror, mas quando e contudo ele é constelado, se ele nos conecta ao arquétipo Deméter/Perséfone, então a violação não é apenas uma possibilidade, mas sim essencial.

Mencionamos de que forma para a consciência de Deméter o rapto deve ser insuportável. Podemos acrescentar agora uma segunda condição: a de que o rapto seja "incompreensível"[27]. Quando o rapto acontece para a sua filha, Deméter não tem nenhum apoio abaixo de si. Ela não pode "entender" (*under--stand*, ficar abaixo). Como "Deméter, a deusa da vegetação",

---

27. Cf. nota 5, na qual Kerényi ressalta a falha de Deméter em compreender.

ela lida com a vegetação do mundo horizontal. Com o rapto, sua perspectiva muda em direção ao vertical também – agora incluindo as profundezas e alturas e a rota do espírito. Sem o sentido vertical, Deméter não pode "ficar abaixo". Ela não pode se mover em termos de profundezas ou níveis. Não apenas profundeza como "o inconsciente", mas potencial de profundidade como uma semente em cada momento da vida, suas implicações metafóricas abaixo de seus sentidos aparentes. Mas essa é uma limitação natural e necessária. Qualquer tipo de pseudoentendimento, que só ajuda a atenuar o seu estado, ou racionalizá-lo dentro de um continente, dando a ela uma verticalidade muito fácil, bloquearia sua participação no arquétipo com suas profundas possibilidades.

Isto tem relação com nosso tratamento das ansiedades ocultas e os conteúdos dos sonhos. Quando tais ameaças são consteladas, a pior interpretação possível, à luz do mito Deméter/Perséfone, seria realizar um juízo de valor do "*animus* destrutivo" ou "sombra negativa", no que diz respeito a essas figuras. De fato, essa atitude prende o sonhador dentro do seu estado virginal e aumenta seu confinamento dentro de uma lógica superficial, do mundo de cima. Quando fazemos essas interpretações é porque assumimos que o perseguidor obscuro está aí para destruir a feminilidade da sonhadora. Nossas intenções são realmente humanitárias e, pensamos nós, todas em favor do feminino. Porém, desconsideramos as camadas mais profundas do mito que poderiam dar suporte às ameaças precisamente como um modo de iniciação. O "raptor" pode ser constelado em resposta à tão estreita virgindade da sonhadora e seu propósito pode ser acompanhá-la fisicamente para dentro daquele corpo mais profundo abaixo de todas as superfícies, o reino psíquico.

Temos falado de "rapto" num sentido mais amplo, mas agora, a título de exemplo, podemos olhar para alguns sonhos nos quais a ameaça do rapto é parte da imagem de uma ameaça física:

1) *A sonhadora, tendo feito suas compras num armazém, retorna para um estacionamento, onde um homem escuro está escondido por entre os carros estacionados. Aterrorizada, ela corre de volta para dentro do mercado.* Neste sonho, a atividade da sonhadora, semelhante à de Deméter, obter comida, constela o raptor (escuro) do mundo das trevas. Em defesa, ela corre de volta para dentro do supermercado (entre as mil e uma coisas do dia a dia). Ou seja, suas qualidades demeterianas agora tornam-se uma defesa contra o rapto.

2) *A sonhadora, uma jovem mulher, está caminhando para casa sozinha depois de um encontro de meditação transcendental, quando se dá conta de que um homem a está seguindo. Ela corre para a casa mais próxima e então percebe que o homem da casa é de fato o raptor. Ela acorda aterrorizada.* Para esta sonhadora, suas atividades transcendentais têm o efeito de acalmá-la e de manter suspensas as forças obscuras. Mas dessa vez, assim que ela deixa a reunião, a contra-ameaça do ataque obscuro imediatamente aparece. Ela foge para a estrutura mais próxima e aparentemente civilizada (Deméter e Hera), mas descobre que mesmo esta estrutura (que já tinha sido uma segurança coletiva) é agora a casa do raptor, a casa do próprio Hades. Para esta sonhadora, parece que não haveria jeito, exceto finalmente submeter-se à iniciação das forças obscuras, quaisquer que sejam elas.

3) *A sonhadora está em uma discoteca quando uma mão por debaixo da mesa agarra sua perna. Ela quebra seu copo contra a mão e esparrama o líquido.* Neste sonho, pelo menos o continente do espírito da sonhadora foi quebrado, trazendo a possibilidade de um continente mais profundo, do mundo das trevas. Mas a ação é um símbolo de defesa, aparecendo em muitas áreas de sua vida. Ela estava continuamente "quebrando seu copo", de forma que o espírito fluía para todo lugar, num esforço repetitivo para proteger-se da mão embaixo da mesa.

Em sonhos de rapto, entretanto, é mais frequente a sonhadora aparecer fugindo totalmente da constelação Perséfone/Deméter e voltando-se ao invés para outra constelação: fugindo em direção à luz, telefonando para a polícia, correndo para seu marido, trancando as portas do carro etc. A variedade e o desespero de defesa nas situações de rapto confirma exatamente como essa constelação arquetípica é insuportável para a consciência coletiva[28]. Não é que essas situações não possam ser refletidas também a partir da perspectiva de Deméter/Perséfone. Em vez disso, esses movimentos tornam-se tentativas para a saída desse padrão arquetípico e da necessidade do seu rapto.

Muito mais na moda hoje em dia é ter uma base, defender seus direitos – tudo o que é compreensível à luz dos eventos contemporâneos. Mas a dificuldade a mais aqui é: avançando para frente como sujeitos, perdemos então contato com a possibilidade de experimentarmos a nós mesmos para trás e

---

28. Cf. JUNG, C.G. *Science of Mythology*, p. 160, onde ele chama atenção sobre o preconceito moderno contra o material ctônico, do mundo das trevas.

para baixo como objetos²⁹. Esquecemos que ser raptado para dentro da consciência é também um caminho.

Mesmo que a situação do rapto psíquico não seja estranha para nós, não sabemos em que lugar colocá-la. E então temos rechaçado a experiência do rapto de forma cada vez mais cega. Um modelo de trabalho arquetípico para esses movimentos superpoderosos, para trás, para baixo, é dado pelo mito Deméter/Perséfone, no qual o rapto foi acima de tudo elevado ao *status* de um mistério na Grécia Antiga³⁰. Devido ao fato de termos perdido esses ritos, o rapto é agora muito mais ameaçador, e portanto temos uma grande dificuldade de lidar com a experiência da consciência Deméter/Perséfone, exceto da maneira mais superficial, defensiva e neurótica. A fim de aprofundar essa consciência arquetípica, é necessária uma análise mais incisiva e efetiva sobre as nossas defesas "demeterianas". Para além desta análise, entretanto, talvez apenas o nosso amor pela filha e, assim, pelo mundo das trevas, o *telos* de nossos sintomas, seja o que direciona nossos movimentos para baixo e para dentro.

---

29. Jung, p. 156, enxerga "Kore" como *Self* e *anima*. Ele também afirma que tanto *Self* quanto *anima* tendem a ser experimentados mais como objetos do que como sujeitos (p. 161). Se tomarmos tudo isso internamente, é provável que na nossa experiência como objetos (em vez de como sujeitos egoicos) também exista a possibilidade de experimentarmos mais profundamente (aquilo que Jung chama de *Self*).

30. Quando fala dos mistérios de Eleusis (cujos iniciados eram tanto homens quanto mulheres), Kerényi (*Science*, p. 139) diz: "A passividade de Perséfone, da noiva, a donzela destinada a morrer, é reexperimentada mediante um *ato interior* – senão como um ato de rendição". Para o seu trabalho mais importante sobre os mistérios de Eleusis, cf. *Eleusis*, citado na nota 5.

3 O dogma do gênero*

Quando a psicologia profunda fala de suas fantasias sobre a primeira infância, certos aspectos constantes saltam aos olhos: a variedade de formas sexuais. Há coisas orais, coisas anais, coisas genitais – cada uma das quais dá prazer a seu modo. A fantasia de infância da psicologia diz que somos multissexuais e que há diversas formas nas quais se expressa nossa sexualidade. Além disso, todos esses prazeres são prazeres sem gênero. A identificação de gênero ocorre somente mais tarde. Antes de nos fixarmos como pequenos machos e pequenas fêmeas, somos perversamente polimorfos, tarados e sexuais em tudo; cada parte do corpo está envolvida, num momento ou noutro, em uma ou outra forma de erotismo.

Deixe-me citar Freud sobre algumas das características dos instintos sexuais: "são numerosos, emanam de fontes orgânicas multifacetadas, atuam[...] independentemente uns dos outros e somente num estágio mais tardio alcançam uma síntese mais ou menos completa. O objetivo de cada um deles

---

* Uma versão de "O dogma do gênero" foi originalmente apresentada como uma palestra pública no outono de 1977 na Royal Society of Medicine, Londres, Inglaterra, sob o patrocínio da The Guild of Pastoral Psychology.

é obter 'prazer orgânico' [...]"[1]. "[...] têm num alto grau a capacidade de agir uns pelos outros e [...] podem de fato mudar seus objetos"[2]. O instinto sexual tem a estranha capacidade de ser capaz de converter-se em seu oposto, por exemplo, de passivo a ativo, de ativo a passivo[3].

Se Freud está "certo" a respeito da sexualidade infantil não é a questão aqui. Estou interessada em sua fantasia. Resumindo-a:

1) A sexualidade infantil é inferior, mais baixa, e não corresponde a nossos melhores "eus". É vergonhosa da perspectiva de faculdades mais maduras.

2) Esses instintos eram originalmente vários e numerosos e vêm de múltiplas fontes. Seu objetivo é a síntese, a unidade. Ou seja, se conseguirmos pôr tudo isso em ordem, então teremos nos tornado um, uma unidade, e uma unidade macho ou uma unidade fêmea.

3) A sexualidade pré-gênero é algo passado. A sexualidade multifacetada e numerosa já foi verdadeira em nós, mas – oh céus! – não agora. Era algo pré, antes das pessoas saudáveis e inteiramente desenvolvidas que agora somos.

4) Esses instintos eram orgânicos: vinham do corpo, estão no corpo. (De forma que, mais tarde na vida, uma maneira de nos livrarmos desses instintos é rejeitando o corpo.)

5) Seu objetivo era o prazer: simples prazer físico, orgânico, não tendo nada a ver em sua origem com reprodução, que requer gêneros.

---

1. FREUD, S. "Instincts and their vicissitudes" (1915), vol. IV de *Collected Papers*. Londres: Hogarth, 1925, p. 68.

2. Ibid., p. 69.

3. Ibid.

6) Eles são ambivalentes, mutáveis, tornando-se ora isso, ora aquilo. Ativo se torna passivo, e passivo vira ativo.

Desenvolver-se e sair desse estado prazeroso, polimorfo, infantil, múltiplo, perverso, inferior e confuso é o objetivo psicanalítico. Mas agora, tendo realizado com segurança esse feito heroico de maturação, vamos fazer o movimento inverso. Só de brincadeira, deixemos nossa maturidade de lado e retornemos àquele estado de fantasia projetado, aquela condição pré-gênero chamada infância.

Há algumas desvantagens nessa volta. Uma é fazer-nos sentir envergonhados e inadequados. Cuidado com quem diz que não se sente ao menos desconfortável nessa volta. Não se sentir rebaixado no reino polimorfo renega parte da experiência, a fantasia do polimorfo como inferior, confuso, mais baixo, inadequado, não produtivo. Se levarmos a sério os fenômenos de nossas fantasias, ***não podemos experimentar as vicissitudes prazerosas do instinto sexual sem esse sentido de inferioridade***. De fato, a inferioridade é uma das próprias vicissitudes do instinto, parte de seu próprio prazer. Portanto, vamos manter juntos prazer e inferioridade, e não cindi-los entre lascívia e culpa, Id e Superego.

Aqui, gostaria de lembrar **As bacantes**, de Eurípides. A peça começa quando Dioniso chega a Tebas para ensinar seus ritos, o que ele faz com vingança já que o povo de Tebas não havia reconhecido sua divindade. Para corrigir essa omissão, Dioniso incita as mulheres da cidade a um selvagem frenesi religioso; elas fogem de seus lares e sobem as colinas numa celebração báquica.

Penteu, o governante de Tebas, fica furioso com essa loucura báquica, ainda que esteja secretamente fascinado. Entretanto, ele não se junta, mas sobe numa árvore próxima ao local da folia para assisti-la. Ele se deleita em olhar de cima. Eventualmente, a libido inconsciente, essas mênades dançantes e libidinosas, o enxergam – elas não gostam de ser olhadas de cima para baixo – e uma delas, Agave, a própria mãe de Penteu, dilacera-o inteiro.

Esse tipo de superioridade de superego (nos termos de Freud), ou atitude unilateral desconectada do inconsciente (nos termos de Jung), está fadada a resultar em revanche selvagem do que é primal, a mãe. Quanto mais Penteu se distancia e se coloca superior às forças menádicas, mais perigosa a situação, mais polarizada, mais explosiva. Além do mais, quem é realmente tarado – as muitas que estão dançando ou aquele lá em cima da árvore?

Mas apenas **ser** essas forças primais, essas mênades, também não é o ponto, pois aquela autoindulgência é precisamente o que manda Penteu para cima da árvore – chame-o de superego, os pais, as autoridades, a sociedade, a legislação.

Expressão selvagem e repressão superior parecem necessitar e constelar uma a outra. No momento em que nos perdemos numa, a outra vai acontecer. Portanto, é crucial escaparmos dessa estrutura mênade-versus-Penteu, não nos identificando nem com a fantasia da expressão total e selvagem, nem com a fantasia da superioridade segura.

Felizmente há uma proteção inata para nos defender dessa situação polarizada, uma salvaguarda que pertence à própria zona primal. Estamos protegidos por dentro dela por meio de um sentido de fraqueza, a inferioridade que mencionamos que acompanha a experiência do nível primal. Enquanto formos sensíveis a bocas, ânus, clítoris e pênis famintos, a intestinos e masturbação, eles não surgirão como poderes esmagadores. Quando estamos em contato com eles, também estamos em contato com um sentido de inferioridade. Onde há sexualidade primal, há também ao mesmo tempo humildade inibidora.

Claro, há muitos caminhos em torno dessa humildade, muitas formas de negá-la. Eu posso dizer que não me sentiria tão inferior e inibido nessas regiões mais baixas se minha mãe não tivesse feito isso e aquilo, ou se meu pai tivesse sido isso ou aquilo. Essas racionalizações (como todas as racionalizações) me mantêm inconsciente. Posso permanecer infantil e poderoso ao fingir que minhas circunstâncias familiares foram apenas um "acidente" que se interpôs ao meu eu natural. Se não fosse pelos outros, eu estaria ok. Há uma fantasia de onipotência, uma inflação secreta nesse impulso de culpar meus pais e as circunstâncias pelos meus problemas – como se, se não houvesse um contexto, imaculado pelo mundo eu não me sentiria inferior ou ambíguo.

Uma ideia oriental coloca isso de outra forma. De acordo com essa visão, cada alma nasce na família e nas circunstâncias precisas necessárias para sua individuação. Minha alma escolheu minha família porque era exatamente dela que precisava. Minha mãe e meu pai são do tipo preciso que requeria minha psique para seu destino. O chocante desta ideia é que mostra o quanto investimos no determinismo externo e quão dedicados somos em recusar reconhecer as realidades natais. Na verdade, as duas experiências se juntam, causalidade externa e inflação interna.

Então, vamos reconhecer o sentido de inferioridade instintiva erógena como autóctone e básico para a própria zona primal. Vamos afirmar que ser pré-gênero, ou sem gênero, é também se sentir inferior.

A inferioridade foi sublinhada por outro autor da psicologia profunda, Alfred Adler. Ele falou da inferioridade orgânica, com o que ele queria apontar para uma inferioridade enraizada no corpo físico. Assim como a fantasia de Freud era corporal, a de Adler também era. Mas ao imaginar um órgão real atingido, Adler evocou um sentido de fraqueza mais literal, biológico, a fraqueza na base do ser físico.

Mas onde Adler queria chegar com essa ideia? Na visão de Freud, pode-se crescer e deixar para trás muito de nossa perversidade polimorfa, restando apenas alguns traços (as "preliminares", p. ex.). Mas Adler insistia que não abandonamos essas inferioridades, apenas construímos seus opostos para nos enganarmos de que nos livramos delas. Para Adler, o par básico desses opostos dicotomizados é masculino e feminino. Em outras palavras, ***o constructo gênero protege-nos de sentir nossa inferioridade***.

O neurótico então orienta sua vida de acordo com esses opostos de masculino-feminino e segue coletando, com alguma ajuda da cultura, mais opostos do mesmo tipo. Masculino-e--feminino torna-se corajoso-e-covarde, rico-pobre, cruel-terno, vitorioso-perdedor, desafiador-obediente e daí por diante.

Ao entrarmos nos constructos masculino e feminino, movemo-nos para dentro da neurose que foi construída para compensar a inferioridade que sentimos na infância como seres orgânicos, físicos. Já que precisamos fazer algo com essa inferioridade, construímos polos opostos, um para fugirmos dele, outro para lutar por ele. É claro, o "feminino" é aquele de que se deve fugir, e o "masculino" aquele por que se deve lutar.

Note-se bem que não somos apenas nós mulheres as amaldiçoadas com essa experiência de inferioridade. Também o são os homens. ***Todos*** nós temos um tipo de inveja do pênis, uma ansiedade de castração, um sentimento de inadequação biológica. Todos fugimos da consciência pré-gênero, o que Adler chamou de "hermafroditismo psíquico", e então passamos nossas vidas tentando compensar esse sentido básico de inferioridade. Infelizmente, na fuga da inferioridade perdemos também o prazer.

*

Mas o gênero também dá prazer – um prazer de outro tipo, aquele que tem a ver precisamente com macho e fêmea, com o jogo entre eles, suas tensões e uniões. O gênero não pode ser ignorado.

Ideias sobre as diferenças de gênero, masculino e feminino, existem em todo o mundo e são utilizadas pela maioria das culturas em sua linguagem, estruturas sociais e mitologias. O gênero é arquetípico. Sempre pensamos em termos de gênero, e provavelmente alguma parte em nós sempre pensará. O que não quer dizer que temos que pensar assim todo o tempo.

O fato do gênero ser uma forma na qual **podemos** sentir, pensar e experimentar não faz dele algo verdadeiro ou certo. Se é arquetípico, requer exatamente que **não** pensemos dessa forma todo o tempo, pois quando assumimos uma perspectiva arquetípica de modo exclusivo, somos tomados por ela. E o resultado de ser tomado por um arquétipo é que a experiência encolhe. Não podemos enxergar para além dos limites do arquétipo, e passamos a interpretar nossas experiências cada vez mais apenas em seus termos. Tornamo-nos ingênuos. Uma ideia arquetípica em si é uma ideia supervalorizada, e precisamos "enxergar através" dela e colocá-la em perspectiva.

Mas ainda assim, de novo: esse arquétipo do gênero é tão especialmente prazeroso! De fato, pergunto-me se prazer não é exatamente o que define gênero. Quando pensamos e enxergamos em termos de gênero, não estamos nos envolvendo num modo prazeroso de percepção – um modo que erotiza e engendra, ou que traz para a vida, o mundo à nossa volta?

A diferença entre prazer pré-gênero e o prazer do gênero pode simplesmente ser que sentimos o primeiro (pré-gênero) como primitivo, inferior, múltiplo, narcisista e baixo, ou seja, prazer "mau". Enquanto que sentimos o segundo, abençoado pela sociedade e pela psicologia, como maduro, orientado para a realidade, relacionado, produtivo, ou seja, prazer "bom" – e também ego-sintônico. E aqui de novo está o problema: ego-sintônico tende a se tornar ego-defensivo. Aquilo que concorda com o ego dá-lhe suporte e é usado por ele. Assim começa o dogma do gênero.

*

Graças ao movimento feminista, muitos de nós nos conscientizamos do sexismo pervasivo de nossa cultura. Talvez seja hora de olharmos para nós mesmos para ver com que tipo de ideias de gênero nos envolvemos. Há duas vertentes no pensamento feminista que, para bem da simplificação imaginativa, tratarei como duas personagens distintas. Mas, por favor, tenha em mente que meu assunto aqui é o pensamento de gênero, não o pensamento feminista. Estou inventando essas simplificações imaginativas, não para criticar mulheres reais ou o próprio feminismo, mas para examinar mais de perto os modos dogmáticos de pensar que distorcem as intenções do feminismo ao identificá-lo exclusiva e defensivamente com gênero.

A primeira personagem diz: "Sou uma mulher – biológica e emocionalmente, no fundo de meu ser. Por ser uma mulher, meus valores são diferentes daqueles dos homens. Não é natural para mim pensar hierárquica ou analiticamente. A sociedade, por ser o resultado do pensamento dos homens, oprime minha feminilidade. Quero mais atenção às necessidades das mulheres: centros de atendimento de saúde, salário para meu trabalho doméstico, leis de divórcio mais adequadas. Além disso, quero mulheres no governo e nas empresas. Sendo mulheres, elas levarão uma compreensão e um eros feminino para contrapor à racionalidade masculina. Quero que as mulheres, ou seja, 'o feminino', sejam mais valorizadas".

Uma segunda vertente do feminismo, ou uma caricatura feminista, diz: "Não venha me dizer o que é ser uma mulher. Não venha me falar do 'feminino'. Feminilidade é uma categoria inventada pelos homens para manter as mulheres inferiores e dóceis, prontas para preencher as necessidades deles. Não venha me dizer que meu dever é sentir, receber, trazer eros ou beleza. Trago o que eu quiser, como qualquer outro ser humano. Sou, antes de mais nada, uma pessoa, e não quero ser barrada de nada em função de gênero. Posso pensar analiticamente e trabalhar criativamente. Além disso, posso subir em postes telefônicos, dirigir caminhões, construir casas, e trabalhar na roça. Meu corpo me pertence para eu fazer dele o que quiser, inclusive sexualmente, e posso me vestir, caminhar e falar do modo que escolher".

A questão não é escolher um desses lados, uma dessas caricaturas. De um ponto de vista psicológico, cada uma pode estar usando suas ideias de gênero de modo defensivo.

Veja a primeira: sua ideia de feminilidade, seu gênero, é sua identidade egoica. Ela sabe o que sabe porque ela *é* uma mulher. Porque ela é uma mulher, pensa diferente e tem acesso aos sentimentos que os homens, porque são homens, não têm.

Todos compartilhamos dessa atitude coletiva na medida em que pensamos em termos de propensões masculinas e femininas. O problema chega quando organizamos expectativas em torno desses pressupostos. Por exemplo, em muitos institutos de formação de analistas junguianos, os candidatos têm que fazer análise com um analista homem e com uma analista mulher, pois a ideia é que essas experiências se complementam. Com uma analista mulher, a experiência será mais do sentimento, mais materna e receptiva, com uma ênfase maior no "eros". Com um analista homem, será mais duro, mais fálico e orientado pelo "logos". Essa noção de análise pressupõe todo o tipo de princípios de gênero e assume que pessoas analisadas agem de acordo com características maduras de identificação de gênero.

O gênero pode ser usado para justificar traços de personalidade. Quando explico meu comportamento com base no gênero – "faço isso *porque* sou mulher" – ganho uma identidade e uma autoafirmação que é difícil de questionar. Não há dúvidas quanto ao gênero físico, portanto quando minhas atitudes estão ligadas e apoiadas nesse referente, também elas não podem ser questionadas. Atitudes engendradas são autocontidas e se autoconfirmam. Já que nossos corpos femininos são internos, receptivos e sensíveis, somos superiores em interioridade, sentimentos e sensibilidades – simplesmente *porque* somos mulheres.

Essa atitude identificada com gênero impede as intenções mais profundas do feminismo, pois transforma as riquezas da autodescoberta individual num sexismo que restringe, em vez de ampliar, a percepção e a experiência. Em outras palavras, a pessoa que enxerga através desses óculos defensivos do gênero vem a enxergar as coisas apenas em seus termos.

Conheço uma pessoa que enxerga até mesmo países e nacionalidades como masculinos e femininos. Países do sul são femininos, já que inspiram sentimento, eros e corpo. Países do norte são masculinos, porque são frios e evocam pensamento, espírito, intelecto. Qualquer italiano, espanhol ou grego num sonho automaticamente significa eros, enquanto que um inglês ou um escandinavo é um pensador intelectual, independente de quem seja a figura em particular ou daquilo que ele ou ela estejam fazendo no sonho. Até os animais são colocados no gênero. Gatos, pássaros aquáticos e grandes serpentes venenosas são femininos; leões, cachorros e cavalos são masculinos, como se os animais viessem apenas em um único sexo. A imagem ou o indivíduo específicos no sonho ficam nublados pela fácil generalização do gênero. Em psicologia, o dogma existe com frequência onde somos mais vagos, não necessariamente onde nossas atitudes são claras e inflexíveis.

Claro, a situação fica mais difícil quando uma figura masculina ou feminina age num sonho de uma maneira contrária ao gênero, ou sem gênero. Se uma figura masculina está, digamos, tricotando, e uma feminina está realizando uma cirurgia, então certamente há algo errado com elas. Para aqueles que enxergam as coisas assim, nunca são nossas ***ideias*** de gênero que necessitam ser revistas, mas, ao invés, as ***figuras*** do sonho que continuam sendo como não deveriam ser. Tal é o poder do dogma.

Dogmas nos afastam do sentimento perceptivo e particularizado, assim como truncam o pensamento original e interessante. Usando esses simples antolhos do gênero, escrevemos livros inteiros em termos do masculino (patriarcal) e do feminino (matriarcal); interpretamos épocas inteiras, vidas inteiras.

Mencionei uma segunda vertente do feminismo ou personagem feminista, aquela em guerra com as definições de gênero de qualquer tipo. Ela também pode usar suas ideias sobre gênero defensivamente. Enquanto que a primeira figura constrói uma identidade egoica com sua feminilidade, nela escorando-se, a segunda, sentindo seu gênero biológico como uma fraqueza, assume que sua força está em outro lugar. Quando ela é feminina, não pode ser forte; quando é forte, não pode ser feminina. Essa personagem busca provar algo a si mesma, e assim busca tarefas que requerem grande força física e/ou emocional. Ou – e isso é mais frequente – ela realiza seu trabalho **como se** ele exigisse grande força, fazendo do esforço, não dos resultados, sua confirmação. Ela é "forte" porque é levada a fazer coisas de modo forte.

Também essa personagem identificou as qualidades da suavidade, receptividade, relacionamento e eros com feminilidade. Mas porque ela não é do tipo que ganha poder com essas qualidades, define seu ego em contraste com elas.

*

Examinamos dois tipos de pensamento de gênero, ambos dogmáticos e defensivos. Entretanto, também reconhecemos o gênero como um fato biológico e social prazeroso. Então, a questão: Como poderíamos experimentar a delícia do gênero sem cairmos nesses dogmas defensivos, limitantes?

Um passo poderia ser reconectar o gênero com o campo original de prazer pré-gênero. Em vez de enxergarmos o gênero como um desenvolvimento que nos afasta do polimorfo, talvez pudéssemos experimentá-lo como uma outra forma dos muitos prazeres, uma das maneiras em que a sensualidade se diverte.

A mudança de ênfase, embora tênue, destrona o gênero de seu chamado soberano para a unidade e a superioridade, desloca-o de seu pináculo como o estado mais altamente desenvolvido e inquestionável. Talvez não seja o gênero em si o problema, mas sua simplicidade, o monoteísmo do gênero, gênero como a epítome da unidade e da identidade.

Quando restauramos o gênero a suas raízes polimorfas no prazer, reunido a uma consciência da variedade, da mutabilidade, mudanças de papel e função – então seu prazer inclui um sentido do mais baixo, do múltiplo e do incompleto. Ao reivindicar menos, a sexualidade de gênero diverte-se mais, liberta dos dogmas autojustificativos e defensivos que a circundam.

Experimentado como polimorfo, o gênero se torna uma qualidade de particulares em vez de uma generalidade na qual os particulares devem se encaixar. Os detalhes sexuais – uma forma masculina de bunda, curvas femininas de quadril – tornam-se qualidades que se acrescentam à individualidade, da mesma forma que a altura, a cor dos olhos, a massa corporal e outras particularidades sensuais.

Rudeza e suavidade, retas e curvas, movimentos sutis de penetração e recepção trazem prazer a uma vida experimentada imediatamente, de forma variada e complexa. Assim como um pintor não começaria um retrato com uma generalidade, uma experiência sensual da vida também não começaria com um esquema abrangente de como a vida deveria ser. Ainda assim, a ideia de gênero faz exatamente isso.

Aqueles que de forma mais notável enxergaram o mundo em termos da diferença dos gêneros, desde os pré-socráticos passando por Aristóteles e daí por diante, estavam principalmente envolvidos com o pensamento. Sua tarefa era formar conceitos, construir classificações e esquemas organizacionais. Lineu, por exemplo, usou o gênero para ordenar o mundo botânico. Freud esquematizou os significados dos símbolos em termos da morfologia dos gêneros. Valemo-nos das distinções de gênero quando precisamos da organização conceitual mais ampla possível. Yin/Yang, lunar/solar, hemisfério direito/hemisfério esquerdo, passivo/ativo, matriarcado/patriarcado fornecem amplas categorias oposicionais. O gênero biológico é em geral claramente observável, universal, não ambíguo, oferecendo um ponto de vista que não precisa ser confundido com a variedade e a ambivalência dos fenômenos. Essa simplicidade do gênero funciona para além da biologia. Percebo que, quando estou confusa, exasperada ou inundada pela emoção, recaio em formas básicas e não ambíguas de organização. Digo: "Por que ele sempre faz isso? Porque ele é um homem, é isso!" Explico com base no gênero algo que requer mais diferenciação do que a que tenho disponível no momento.

Mas na maior parte das vezes não precisamos dessas categorias rudimentares e prontas. Normalmente, somos livres para perceber as pessoas como elas são, cada uma um estilo de complexidade individual. Então categorias e esquemas de gênero são uma interferência. Quando atributos são organizados e isolados, não podemos ouvir, não podemos ver nem sentir diferentemente dos termos já dados. Fora isso, uma boa parte da individualidade é pré-gênero.

*

As duas caricaturas que examinamos acima eram "caretas" em suas relações com gênero. Por careta quero dizer que suas noções de gênero não continham ambiguidades. Cada uma a seu modo – uma por ser fêmea, a outra, antifêmea – tinha achado uma resposta para as esquisitices de sua identificação. Cada uma tinha limitado sua consciência a um campo egoico estreito no qual sentia adequação e poder. As múltiplas formas e os sentimentos inferiores do polimorfo tinham sido postos de lado.

Esse alinhamento ocorre também de diversas outras formas. No campo da psicologia aparece especialmente naquilo que chamamos ***identidade***. Há alguns anos, os curadores da American Psychiatric Association anunciaram que não mais considerariam a homossexualidade uma desordem mental. Mas aquilo que ***era*** uma desordem, mantinham eles, eram os "distúrbios de orientação sexual". Isso quer dizer que uma mulher que se acredita homossexual e que viva como uma homossexual sem nenhum conflito é ok. No momento em que ela se questiona, no momento em que pensa, "não sei, às vezes sinto também outras coisas, não sei..." – bem, então ela é doente. Ou ele, claro.

Em outras palavras, aquilo que a American Psychiatric Association está buscando é um alinhamento – e não mais importa se hétero ou homossexual. Não importa de que jeito alguém é alinhado, todas as excentricidades são suavizadas, identidades completas e sem ambiguidades.

Mas, em seu nível mais profundo, onde a sexualidade toca a base do ser, não traz ela contradições inesperadas, momentos surpreendentes, sentimentos peculiares? Não temos, todos nós, em algum momento, nossas confusões com respeito à sexualidade? – de onde ela vem, o que quer, para onde foi? Alinhar tudo isso seria não entender nada. A sexualidade *é* o inesperado. Por meio dela, a consciência mergulha mais fundo no corpo e em bases mais misteriosas.

Isso também machuca o casamento – uma instituição que, de qualquer forma, tem essa tendência em suas funções legais e sociais. Os casais com frequência relatam que, embora gostassem de sua vida sexual anteriormente, agora que são casados a diversão desapareceu. Uma mulher me disse que muitos dos prazeres sexuais de que gostava antes de se casar agora ela não ousa mais gostar. Eram agora, de alguma forma, vergonhosos. Confirmando os votos do casamento com seus papéis de gênero, ela também alinhou suas possibilidades subsociais, polimorfas.

É difícil trazer os níveis perversos da psique para o casamento. Fazê-lo é um ato **contra naturam** que demanda esforço e atenção. O curso mais fácil, mas natural e desobstruído é seguir simplesmente para o alinhamento matrimonial (e eventualmente para o tédio matrimonial).

Até mesmo a noção corrente de androginia apresenta uma oportunidade de alinhamento. Aqui também a ideia de opostos é uma referência (há qualidades masculinas e femininas), mas na androginia elas são imaginadas como cuidadosamente proporcionais. Com nossas qualidades "masculinas" e "femininas" balanceadas, estamos a salvo de extremidades psicológicas.

O que o conceito de androginia declara como real, verdadeiramente masculino e genuinamente feminino acaba num campo de conceitos e abstrações: sistemas de mais e menos, círculos, Vênus e Marte, uma figura "humana" bem desenhada e perfeitamente dividida. Fica faltando algum sentido de carne, de dor, de confusão, ou mesmo de vida. A própria palavra **androginia** é clinicamente limpa, direta, estéril, livre dos germes do tempo, das lutas e da infâmia. Não há um sentido de inferioridade, pois a androginia é a solução transcendente, transexual, não a manchada, a suja.

Um fato curioso sobre o trabalho psicológico é que ele requer palavras sujas. Os pacientes usam palavras sujas, palavrões. Palavras ásperas, confusas, conflituadas e cheirando a história são húmus para a alma em suas batalhas. Perder essa sujeira na linguagem da psique deixa seu solo infrutífero.

A real diferença entre a androginia e o polimorfo é a experiência. Imaginemos que eu me experimento como andrógina, um pouquinho masculina aqui, um pouquinho feminina ali. Sinto-me ok, balanceada num constructo idealizado de mim mesma.

A razão por que prefiro experimentar a mim mesma como um pouco suja e perversa é que isso preserva meu sentido primal, histórico. Se essas experiências de sujeira e inadequação foram tão importantes na formação de minha personalidade particular, como defende a psicologia profunda, e se eu valorizo a mim mesma e à minha singularidade, essa base é sagrada. A base é fundamento e o fundo é sujo.

Claro, **tudo** pode se tornar uma defesa. Pode-se cavalgar a própria inadequação como masoquismo; podemos nos tornar sem gênero num estilo infantiloide, assexual. Mas, para dizê-lo novamente: ao nos identificarmos – com a criança, neste caso – nos alinhamos. De fato, ***qualquer movimento, qualquer passo pode se tornar alinhado e defensivo***. Qualquer passo pode se tornar uma identificação – criança alinhada, macho alinhado, fêmea alinhada, andrógino alinhado.

*

Com a resolução de não nos identificarmos de nenhuma dessas formas, voltemos ao princípio do prazer, que para Freud governa o reino polimorfo. Esse princípio é o desejo por gratificação imediata.

Ainda assim, é estranho perceber como os prazeres se desgastam. Algo prazeroso num momento, já não o é no momento seguinte. Os prazeres se cansam deles mesmos e então buscam novos refinamentos de modo a voltarem a ser desfrutados.

Metade do mundo foi descoberto em função do impulso do prazer por refinamento. O que, pensando bem, nos fez achar que precisávamos de seda, linho adamascado, musselina, cetim, veludo; açúcar, pimenta, gengibre, cravo, canela; milho, gergelim, arroz, limões, melões, pêssegos, damasco, cerejas...? O que nos cansou do simples hidromel, levando-nos aos variados refinamentos das bebidas? O que nos entendiou no pão de cada dia, ou em nossa carne diária, a ponto de desenvolvermos a variedade e a complexidade da gastronomia que temos hoje? (Certamente, não foi nenhuma noção de vitaminas e minerais balanceados.) O que move nossas contínuas transformações na moda e na decoração, nossas explorações na arquitetura, na literatura, na pintura, na música? De fato, nossa própria cultura é a testemunha de um impulso louco e autônomo no prazer em busca de seu próprio refinamento.

Acrescente-se a isso a enorme variedade de diferentes tipos de prazer – os prazeres orais: sutilezas de sabor, textura, calor, cheiro, o fato de que isto com aquilo tem um sabor diferente do que aquilo outro; os prazeres anais: trabalho, disciplina, adiamento, retenção e exclusão, emoção, cor, tensão;

deixar tudo sair, explodir, fazer, criar, definir. Para fazermos diferenciações no campo do prazer não podemos nunca nos elevarmos e olharmos para baixo com ares de sábio. O prazer tem em si mesmo sua própria diferenciação, e, de fato, o prazer **requer** isso.

O campo inferior do polimorfo tem forma e **logos**. Como dizem que disse Pseudo-Demócrito: "A natureza se alegra com a natureza, a natureza vence a natureza, a natureza domina a natureza"[4]. Podemos dizer o mesmo com respeito ao prazer da natureza: o prazer se alegra com o prazer, o prazer vence o prazer, o prazer domina o prazer. O reino do polimorfo trabalha continuamente em si mesmo – definindo, refinando e recombinando seus prazeres.

Esse trabalho dentro do prazer sobre o prazer implica um tipo de luz natural, **lumen naturalis**. Para terminar, deixe-me contar um sonho no qual isso aparece:

> Uma mulher sonha que sua irmã (que ela enxerga como gorda, estúpida e comum – a que fica em casa) puxa-a pelo pé cada vez mais fundo no mar. A sonhadora luta, mas finalmente se rende à puxada da irmã. À medida que afunda, percebe que nas profundezas há ar. Ela pode respirar. A região está banhada de uma luz natural, fosforescente que emana de algumas formas no fundo. Nas regiões mais profundas do oceano, a natureza revela sua própria luz.

Esse nível mais baixo, instintivo, multiforme de nossa existência biológica tem luz e é altamente organizado – como a dança das mênades (e nem um pouco a força obscura e selvagemente caótica que às vezes projetamos).

---

4. OC 14/1, § 21, nota 148.

Quando experimentamos esse reino pré-gênero como escuro e caótico – quando sentimos que se abandonássemos essa identificação de gênero e essas ideias de masculino e feminino, se deixássemos a perversidade alcançar a consciência e outras formas sexuais alcançar a sociedade, então de fato tudo ruiria – estamos dentro de uma constelação arquetípica particular, e isso pode acontecer do modo como o profetizarmos.

Quando nos sentimos assim, poderíamos parar e ver de onde estamos olhando. Muito provavelmente estamos balanceados lá em cima de uma árvore, como Penteu, superiores a tudo, olhando para baixo.

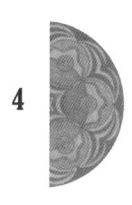

4 Uma abordagem ao sonho*

Era uma vez uma analisanda junguiana que apareceu estranhamente agitada para sua sessão de análise. Parece que tivera a oportunidade de mostrar a alguém um sonho que ela e seu analista haviam trabalhado numa sessão anterior. Estava tão perturbada com a disparidade de interpretação que correu para colher uma terceira e ainda uma quarta opiniões. Todas eram essencialmente diferentes. A interpretação de sonhos, então sentenciou ela, era uma pseudociência e os intérpretes, meros charlatões.

Embora esta parábola reflita vários problemas da análise, e deste tipo de analisando em particular, também dá oportunidade para alguma reflexão teórica sobre os sonhos. É claro que qualquer sonho tem uma variedade de possíveis interpretações; é claro que cada analista tem suas abordagens, certezas e tendências específicas. Ainda assim, não parece que algumas interpretações acertam mais que outras? Vejamos o sonho daquela analisanda:

> Eu estava deitada numa cama em um quarto, aparentemente sozinha, mas com a sensação de tumulto à volta. Uma mulher de meia-idade entra e

---

* Originalmente publicado na Revista *Spring*, 1974.

me entrega uma chave. Depois, entra um homem, ajuda-me a sair da cama e me leva para cima para um quarto desconhecido.

Podemos imaginar vários analistas junguianos e o tipo de interpretação que cada um poderia dar a esse sonho:

1) *Analista ego-ativo*: todo o sonho é caracterizado por sua passividade egoica. Você está reclinada, uma posição bem inconsciente, o que justifica a sensação de tumulto inconsciente. Sem um esforço seu, você toma o que lhe é entregue. Você é levada embora pelo *animus*, portanto para cima, em direção ainda a outra área de fantasia passiva.

2) *Analista sensível ao relacionamento*: você está só num quarto, isolada e apartada de seu casamento, relações, filhos. Você nunca expressa sentimentos ou faz algum contato real com as outras figuras do sonho. Assim, é levada para as regiões superiores apenas com seu *animus* como companhia, solitária e remota, a princesa na torre.

3) *Analista de orientação transferencial*: você está numa posição sexual meio consciente, na qual o tumulto representa suas projeções eróticas não reconhecidas. Você fantasia várias soluções: (a) a mãe fálica ou (b) o homem te levando para cima para um clímax desconhecido. Um desses (aqui dependendo do sexo do analista) refere-se à sua projeção de mim como seu salvador.

4) *Analista desenvolvimento-do-animus*: quando você enfrenta seu tumulto, ele se torna a mulher de meia-idade, seu medo de envelhecer e de se tornar infrutífera. Mas naquela mulher mais velha você encontra a chave criativa que então se torna o *animus* desconhecido que a leva para o quarto mais alto, ou seja, para a parte desconhecida de sua psique, na qual o trabalho criativo pode agora acontecer.

5) *Analista introvertido*: aí está você, finalmente a sós consigo mesma, no vaso. Agora você recebe ajuda interna. Sua feminilidade te dá a chave, a chave sendo a reclusão e o enfrentamento do tumulto interno até aqui negado por suas defesas extrovertidas e sua atuação. Isso a leva ao próximo passo, uma figura do *animus* que te ajuda a levantar da cama e te encaminha para um outro nível.

6) *Analista feminino Mãe Terra*: você estava deitada, passiva, naturalmente, em contato com seus sentimentos verdadeiros (posição depressiva). Agora você pode receber presentes do feminino, a mãe positiva. Infelizmente, assim que aparece o *animus*, você perde essa conexão ao segui-lo para cima em direção ao intelecto.

7) *Analista orientado para o processo*: não é tão importante o conteúdo do sonho, mas o jeito que você o introduziu em nossa sessão (você ter me contado o sonho com uma voz agressiva, ter esperado até o fim da hora, tê-lo me entregado todo arrumadinho, impresso, e aí ter-se reclinado passivamente aguardando a interpretação).

Ao ler essas sete afirmações, que brilhantes nos parecem as associações do analista em algumas delas e quão verdadeiras e acuradas em outras. Cada uma dessas perspectivas pode ser vista como tendo sido desenvolvida a partir dos escritos de Jung sobre o sonho, e nenhuma delas é necessariamente errada. Não estamos aqui preocupados com "certo" ou "errado" com relação às respostas acima; em vez disso, o que nos leva a preferir uma em detrimento de outra? Podemos evitar o problema dizendo que tudo depende da reação do paciente – qual interpretação dá o clique para ele. Mas, ainda que isso seja muito prático, esconde uma dificuldade essencial que tem a ver com o que poderíamos chamar de sensibilidade teórica.

Sabemos, a partir de estudos comparados realizados entre escolas teóricas e estilos de terapia, que virtualmente toda terapia "funciona": toda terapia demonstra evidência de alcançar os objetivos que estabelece para si mesma, e todas fracassam na mesma medida. Embora não seja em si surpreendente, o relativismo da terapia em termos de resultado pode nos levar a consequências alarmantes. Abre o caminho para um aspecto da psicoterapia pouco diferente do charlatanismo, neurose transferencial sintônica, sugestão histérica, obediência doutrinária, conversão religiosa e lavagem cerebral política. Pois tudo isso também dá um clique, e também aí o sujeito sente-se mudado para melhor, apoiado pelos *insights* revelados. Sem uma sensibilidade para teorias, não mais importa com que teoria trabalhamos; uma ideia é tão boa quanto outra, se funcionam – e tudo funciona igualmente. Se há melhores e piores teorias sobre a interpretação de sonhos, não podem estar baseadas naquilo que dá um clique, pois, se perdemos a sensibilidade aqui, também a perdemos na prática.

Além disso, já que nossa principal maneira de refletirmos sobre o que fazemos é através dos sonhos, é aqui, e em nenhum outro lugar, que nos tornamos conscientes de que nossos pressupostos são de fundamental importância. São o ponto crucial de nossa prática. Os alquimistas não apenas executavam experimentos, também igualmente gastavam seu tempo com uma espécie de *theoria*, orando, lendo e pensando no que estavam fazendo. De fato, fazer da praticabilidade nosso critério determinante é um tipo de imoralidade – o tipo que também encontramos no psicopata que diz que aquilo que funciona é, portanto, bom. Mas, ao invés de nos deixarmos levar demais por esse ataque ao moralismo do pragmatismo, talvez seja mais vantajoso voltarmo-nos para seu contrário, a importância psicológica da teoria.

Já que a teoria determina tanto assim a prática – afinal, o que praticamos é uma teoria –, para nos conscientizarmos daquilo que fazemos com os sonhos precisamos também tomar consciência daquilo que pensamos sobre os sonhos. Temos que examinar não somente como colocamos nossa teoria em prática, mas também o que estamos colocando em prática. Isso significa voltarmo-nos para nossos pressupostos e tornarmo-nos conscientes de nossa inconsciência também nesse campo.

Portanto, o que elaboramos neste ensaio é um instrumento (um entre tantos) para apanharmos mais precisamente nossas ideias subjacentes presentes quando olhamos para os sonhos. Nossa intenção é trabalhar alguma ferramenta para a *autoconsciência interpretativa*, um método através do qual podemos examinar nosso processo interpretativo real, interpretar nossas próprias interpretações.

Como temos insistido, os métodos têm pressupostos subjacentes; portanto, também este método implica uma posição teórica. Nossa premissa básica é a de que o sonho é algo em e por si mesmo. É um produto imaginal em si. Apesar do que fazemos ou do que não fazemos com ele, ele é uma imagem.

1 Imagem

Devemos ser fiéis à Imagem!
Rafael López-Pedraza

De acordo com Jung, por imagem nós "não queremos dizer o reflexo psíquico de um objeto externo, mas um conceito derivado do uso poético, a saber, uma figura do devaneio ou *imagem de fantasia*" (*CW* 6, § 743). Nessa passagem, Jung nos dá a base para a distinção entre imaginação e percepção. Uma imagem de fantasia é sensorial, embora não perceptiva: ou seja, tem óbvias qualidades sensuais – forma, cor, textura –, mas estas não são derivadas de objetos externos. Por outro lado, a percepção tem a ver com a realidade objetiva – o que vejo é real e está lá. E assim, ao reclamar realidade externa, as alucinações (psicóticas ou psicodélicas) pertencem à percepção, ao passo que as imagens dos sonhos pertencem à imaginação. Os dois modos, perceptivo e imaginativo, baseiam-se em diferentes funções psíquicas. Com a imaginação qualquer questão sobre o referente objetivo é irrelevante. O imaginal é bem real em seu próprio jeito, mas nunca *porque* corresponde a algo externo. Embora as figuras e os lugares nos sonhos emprestem frequentemente a aparência da realidade perceptiva, não precisam ser derivados da percepção. Como nos diz Jung, as imagens em nossos sonhos não são reflexos de objetos externos, mas "imagens internas".

Mas então por que, poderia ser perguntado, às vezes sonhamos com figuras de nosso mundo perceptivo e outras vezes com figuras jamais percebidas? Certamente a figura conhecida deve ser algo como uma pós-imagem ou *Tagesrest*. Nossa maneira tradicional de lidar com imagens que correspondem a figuras da percepção é chamá-las de produtos do inconsciente pessoal e então procurar pelas projeções que elas carregam para nós. Até aí tudo bem, pois parece que o que estamos realmente fazendo é tentar redimir essas imagens de seu aprisionamento perceptivo e reclamá-las como psíquicas, assim mudando nossa perspectiva do perceptivo para o imaginal.

Mas isso não pode acontecer. Nossa saída desse mundo perceptivo torna-se bloqueada, nosso movimento estanca, quando lidamos com essas assim chamadas figuras pessoais num nível pessoal, esquecendo-nos de que elas são fundamentalmente imagens de fantasia *revestidas* de pós-imagens. Figuras pessoais são precisamente aquelas mais propensas à nossa perspectiva literal. Quando meu marido, meus filhos ou amigos aparecem em meus sonhos, eles se tornaram, numa certa medida, removidos da "realidade" do mundo perceptivo ao qual estão intimamente associados. O sonho oferece a oportunidade de tornar essas figuras em metáforas, e assim a psique pode ser vista trabalhando *rumo* ao imaginal, para longe do perceptivo – repetitiva e insistentemente. Esse movimento pode ser encarado como a *opus contra naturam* da psique, um trabalho para longe da realidade natural do mundo perceptivo rumo à realidade psíquica do mundo imaginal.

Agora, devemos examinar mais de perto o tipo de realidade que tem uma imagem. Temos que examinar com maior exatidão exatamente aquilo que aqui queremos dizer por imagem, e uma maneira de fazê-lo é desmontá-la, desempenhando uma espécie de *análise da imagem*.

Sensualidade: uma das razões pelas quais as imagens tão facilmente se confundem com as pós-imagens da percepção é que imagens também são sensoriais; imagens também implicam um tipo de corpo. Mas esse corpo não é mais o corpo perceptivo "natural", assim como as imagens não são derivadas dos objetos perceptivos naturais. O corpo ao qual as imagens se referem é metafórico, um corpo psíquico no qual as combinações sensoriais e todas as qualidades sensoriais da imagem – que para a percepção seriam incompletas, esquisitas, extremadas ou distorcidas –, de uma forma ou de outra, aqui fazem sentido.

Textura: a palavra *texto* está relacionada com "tecedura". Assim, ser fiel a um texto significa sentir e seguir sua tecedura. Quando falamos de colocar um sonho em seu contexto, com o que queremos dizer "junto ao texto da vida do sonhador", temos a tendência de esquecer que o sonho é sensorial, tem textura, está tecido em padrões que oferecem um contexto finalizado e completo. A situação de vida não precisa ser a única maneira de conectar o sonho com esse aspecto têxtil. A imagem em si tem textura.

Emoção: também inseparável tanto da sensualidade quanto da textura é a emoção. Uma imagem onírica é ou tem a qualidade da emoção. Momentos nos sonhos podem ser expansivos, opressivos, vazios, excitados, ameaçadores... Essas qualidades emocionais não são necessariamente representadas verbalmente pelo sonhador em seu relato, pelo ego onírico em suas reações, ou por outras figuras no sonho. Elas aderem ou são inerentes à imagem e podem não ser nada explícitas. Ainda que não reconhecidas pelo sonhador no sonho, são cruciais para a conexão com a imagem. Não podemos entreter nenhuma imagem nos sonhos, na poesia, na pintura, sem experimentarmos uma qualidade emocional apresentada pela própria imagem.

Simultaneidade: uma imagem é simultânea. Nenhuma parte precede ou causa outra, embora todas as partes estejam envolvidas umas com as outras. Portanto, enxergamos o nível imagético do sonho como não progressivo: nenhuma parte ocorre antes ou leva a qualquer outra parte. Podemos imaginar o sonho como uma série de justaposições, cada evento adicionando textura e engrossando o resto. No sonho acima, poderíamos então dizer que o ego onírico horizontal, a mulher com a chave e o homem que a leva para cima são todas expressões essenciais ao estado psíquico; nenhuma delas tem um significado secundário. São todas camadas umas das outras e são inseparáveis no tempo. Poderíamos expressar tal relação com as palavras *enquanto* ou *quando*. Enquanto o ego onírico está deitado só, em tumulto, uma mulher de meia-idade entrega uma chave e um homem a encaminha para uma sala desconhecida. Não importa que frase vem "primeiro", porque não pode haver prioridade numa imagem – tudo é dado de uma só vez. Tudo está acontecendo *enquanto* tudo está acontecendo, de maneiras diferentes, simultaneamente. A ênfase de Jung sobre a "situação presente" não precisa ser identificada com a situação literal de vida, o que remove o sonho da presença da imagem, mas também pode ser entendida no sentido de que cada parte do sonho está presente simultaneamente.

Intrarrelações: todos os elementos de um sonho (personagens, lugares, situações) estão de alguma maneira conectados. São cada qual parte da imagem total do sonho, de forma que nenhuma parte pode ser destacada ou lançada contra as outras. Com esta completa intrarrelação do sonho, queremos apontar a completa democracia da imagem: todas as partes têm direitos iguais de serem ouvidas e de pertencerem ao corpo político, e não há posições privilegiadas dentro da imagem (isso não significa negar as hierarquias inatas dentro da imagem, as quais comentaremos no item *Valor*). Vejamos um exemplo que mostra como aparecem as intrarrelações numa imagem onírica. Uma mulher sonhou:

> Estou na cama quando um pequeno anão emerge das cobertas. Ele me olha timidamente como se

quisesse algum contato sexual. Neste momento, meu amigo R. (um homem mais velho, conservador, responsável) aparece na porta e urgentemente grita "Corra!", como se eu estivesse em grande perigo.

Uma maneira de encararmos esse sonho seria tomar o amigo conservador R. e o anãozinho esperto como opostos entre os quais a sonhadora deve optar. Mas essa abordagem significaria *fixá-los* numa oposição, reforçar aquilo que já é a experiência do ego onírico. Contudo, ao assumirmos a coincidência dos opostos (a *coincidentia oppositorum*), ou seja, a imagem total do sonho na qual todas as partes se encaixam, enxergaríamos o amigo R. em pânico na verdade constelado pelo anão amoroso, e vice-versa. Os dois juntos *são* a imagem. Na vida diária, quando a sonhadora está em conexão com sua criatividade nanica, esperta, seu *animus* responsável e conservador entra em pânico e a chama para correr, para separá-la de seus aspectos nanicos, mais baixos; e, assim, vice-versa, quando o *animus* responsável está em estado de pânico, em algum lugar, de certo muito inconscientemente, um chamado do anão está ocorrendo. Na vida do dia a dia, ela deixa a bolsa cair, perde as chaves, inconscientemente cria mal-entendidos... Se nos mantivermos fiéis a esse nível imagético do sonho, a questão será deixar de oscilar entre personagens.

Muitas vezes devemos também manter a tensão entre cenários. Um homem sonhou: "Entrei na cozinha de minha mãe e vi uma *Enciclopédia Britânica* no balcão". A imagem é da cozinha de sua mãe dentro da qual está uma enciclopédia. Uma tendência imediata seria a de destruir essa imagem ao dizermos, por exemplo, que uma enciclopédia não pertence a uma cozinha, ou que isso somente mostra o *animus* de sua mãe. Enquanto que a primeira hipótese significa trair a imagem totalmente (pois as mais efetivas imagens de fato juntam os opostos mais inadequados), a segunda seria, em si mesma, uma afirmação de *animus* – um julgamento preconceituoso. Mas, ao darmos à imagem o reconhecimento e a dignidade de um produto psíquico infinitamente mais profundo que nós, podemos sossegar. Dentro da cozinha de sua mãe há uma enciclopédia, ou um sapo, ou um velho aleijado. A psique já fez algo, algo está acontecendo na cozinha de sua mãe. Para ele a questão é trabalhar essa imagem (e deixar que essa imagem trabalhe nele) da maneira imaginativa/experimental que ele puder – o que requer colocar de lado seu julgamento e interpretação.

Valor: algumas imagens parecem mais potentes, mais atraentes que outras. Por exemplo, a enciclopédia ressalta enormemente naquilo que aparenta ser uma cena prosaica. Muitas vezes, como nesse caso, a atração tem a ver com a estranheza da imagem e do cenário (um leão no banheiro) ou, outras vezes, vem da própria imagem (uma serpente alada). Em ambos os casos, as imagens não são "naturais".

Quando um sonho apresenta uma imagem que vai contra o modo como as coisas são naturalmente, vamos assumir que essas imagens têm um alto valor porque são exemplos da *opus contra naturam*. Do modo como entendo as ideias de Jung com relação aos símbolos, eles alteram o curso da natureza e elevam sua energia a um valor mais alto. Assim, a imagem inusual, não natural, peculiar, é a que está sendo ressaltada e a que contém mais valor.

Há uma outra maneira de reconhecermos o valor nas imagens dos sonhos. As imagens comuns podem estar carregadas de sentimento, isto é, o cachorrinho marrom de minha infância ou o cachecol que minha mãe me deu no Natal. Aqui, precisamos de discriminação entre os sentimentos – emocionais, *kitsch*, saudosos, nostálgicos, esperançosos... O sonho descobre a imagem do sentimento, expondo o sentimento naquilo que ele é, de forma que podemos ler o sentimento através da imagem, assim como a imagem através do sentimento. O cão e o cachecol não são apenas de grande valor porque tenho fortes sentimentos em relação a eles em meu sonho, mas meu sonho também me conta onde meus sentimentos fortes de saudade estão localizados. Lidar com nossos sentimentos mais embaraçosos num sonho, de um ponto de vista sentimental, é perder o embaraço e, portanto, a discriminação da qualidade de sentimento.

Semelhantes são aquelas situações em que se sente a urgência de optar entre, digamos, cidade ou campo, céu ou terra, a casa da família ou o próprio apartamento. Um sonho pode mostrar a cidade como nervosa, o campo como idílico, o céu como amedrontador, a terra como nutridora, a casa da família como complicada e fútil, um apartamento independente como aconchegante e autocontido. Ainda assim, cada uma dessas é uma fantasia do ponto de vista da outra. A cidade parece amedrontadora somente em função de minha fantasia idílica e vice-versa. Optar por uma ou outra dessas imagens menores é perder a imagem maior que é, afinal, uma totalidade! Identificar-se com a fantasia do sonho, com os termos nos quais ele se apresentou, é perder o significado da fantasia.

Estrutura: relações estruturais significativas existem dentro e entre imagens. Correspondentemente, as imagens de uma certa forma dependem umas das outras para seu significado. Mas aqui é importante que nos separemos daquelas escolas de pensamento que veriam as imagens *apenas* como estruturas, extraindo seu significado inteiramente das fendas que preenchem. Em algumas correntes do pensamento estruturalista, forma e matéria, estrutura e conteúdo podem ser separados; no pensamento imagístico, esses pares são um só. O velho sábio é tanto uma estrutura arquetípica quanto um conteúdo, e mesmo o número quatro, o *quaternio*, uma ideia estrutural tão abstrata, é um conteúdo imagético que aparece como as quatro pessoas de minha família, ou como um carro para quatro passageiros, ou uma quadra numa cidade.

Já que imagens com conteúdos estão sempre estruturalmente posicionadas dentro de um sonho, não podemos falar delas fora desse contexto. Um pássaro vermelho num sonho e um pássaro vermelho noutro sonho nunca carregam exatamente o mesmo conteúdo, já que nem sua relação estrutural (sua posição) dentro do sonho, nem as outras imagens do sonho com as quais estão estruturalmente relacionados, são idênticas.

E o contrário também é verdadeiro. Já que as estruturas são feitas de imagens com conteúdos, não podemos falar delas desprezando esses conteúdos. Sonhos idênticos apenas com um único conteúdo diferente – um pássaro preto, ao invés de um vermelho – terão significados diferentes. Em outras palavras, não é apenas sua posição que faz o significado de um símbolo, mas tanto posição quanto conteúdo. O pássaro vermelho não é o resultado de determinantes estruturais (leis de força, oposições binárias, gramática, linguística, ou o que quer que seja), mas é em si mesmo uma das determinantes a formar o sonho. A imagem é ela própria algo irredutível e uma união completa de forma e conteúdo, e para nós não pode ser considerada sem uma ou outro. A imagem é tanto o conteúdo de uma estrutura quanto a estrutura de um conteúdo.

2 Implicação

> *[...] a interpretação precisa se defender de utilizar quaisquer outros pontos de vista além daqueles manifestamente apresentados pelo próprio conteúdo. Se alguém sonha com um leão, a interpretação correta só pode estar na direção do leão; em outras palavras, será essencialmente uma amplificação dessa imagem. Qualquer outra coisa será uma interpretação inadequada e incorreta, uma vez que a imagem "leão" é uma apresentação suficientemente positiva e bem-definida.*
> JUNG, C.G. *CW* 17, § 162.

Tendo já delineado o aspecto inicial de nossa abordagem ao sonho como imagem e explorado o que uma imagem *é*, vamos em frente rumo a sua elaboração, o que uma imagem *implica*. Essa segunda abordagem tem a ver com todo o procedimento de retirar implicações da imagem original. Claro, quanto mais nos afastamos do texto real do sonho, mais aberta ao questionamento, às diferenças individuais, preconceitos e áreas específicas do conhecimento (com as lacunas que as acompanham) torna-se nossa interpretação. Quando falamos desse movimento da imagem rumo à implicação (e ainda a uma terceira categoria que logo abordaremos), não estamos falando de uma progressão sequencial no ato de interpretar. Não se trata de necessariamente olharmos primeiro a imagem, e então tirar as implicações, e assim por diante, nessa ordem. Mas esses são todos aspectos da interpretação, cuja ordem não é sequencial, mas ontológica. A imagem é anterior não no tempo, não porque tenhamos que tomá-la primeiro ao considerarmos um sonho, mas anterior no sentido de mais básica; ela é aquilo para o que voltamos repetidamente, e aquilo que é a base primária e fonte de nossa consciência imaginal.

Assim, ao encararmos o sonho em suas implicações percebemos a seletividade mais estreita na qual estamos operando. E isso parece paradoxal (em função de nosso desenvolvimento conceitual maior? em função de nossa tradição iconoclasta?), pois é como se a imagem fosse o campo mais limitado. O sonho apenas diz isso, ou oferece essas imagens específicas, ao passo que as implicações parecem se estender em várias direções. Mas, ao deixar a imagem pelas implicações, nos antecedemos às profundezas da imagem – suas ambiguidades ilimitadas – que podem apenas em parte ser apanhadas pelas implicações. Assim, ampliar um sonho significa também estreitá-lo – outra razão para não nos afastarmos demais da fonte.

Narrativa: até aqui tratamos o sonho numa relativa estase, sentindo os vários eventos de um sonho como seus níveis ou teceduras. Mas agora começamos a ouvir e observar o sonho em seu sentido narrativo ou dramático. É a esse aspecto do sonho que Jung se referia quando falou de sua estrutura dramática: cenário, desenvolvimento, peripeteia, *lysis* (*CW* 8, § 561ss.).

Já que a maioria dos sonhos aparece na forma de história, podemos aqui seguir Jung e usar a narrativa, em vez da imagem, como a categoria primária. Mas isso nos leva a novas dificuldades, a primeira das quais sendo a natureza verbal da narrativa. Ainda que as palavras contenham imagens, elas não podem contê-las totalmente: palavras e imagens não são idênticas. Uma vez que para nós as imagens são primárias, então qualquer forma na qual as imagem sejam colocadas é uma transposição, talvez um passo para longe delas. Claro, colocar uma imagem em palavras pode vivificá-la ou realçá-la; ainda assim, ao mesmo tempo esse movimento sobrecarrega e informa as imagens com todos os problemas da linguagem. A linguagem agora virou o contexto, um contexto que demanda seu tipo de coerência. Todos nós já tivemos a experiência de lutar para escrever de forma coerente aquilo que parece um sonho essencialmente incoerente. Mas estou começando a questionar nossa ideia de coerência. É verdadeiramente o sonho que é incoerente, ou será nossa abordagem verbal que assim o torna? As imagens não requerem palavras para exibir seu sentido inerente, mas, assim que estamos envolvidos com a linguagem, aquilo que seria inerente à imagem é transportado para a coerência verbal. Portanto, percebemos que há sonhos que não podem ser escritos. Eles resistem à transposição, e assim os achamos "incoerentes". Não podemos colocar as imagens numa história.

Então, a segunda dificuldade com a narrativa é que sua natureza verbal requer uma coerência de um tipo específico: história, ou um sentido de sequência. Uma coisa acontece antes de outra e leva a outra. Mas a sequência de fragmentos de sonhos costuma ser ambígua, e, do ponto de vista da imagem, isso tem que ser assim, pois a imagem não tem um antes e um depois. Através de nosso relato, os fragmentos, cuja sequência é ambígua, tendem a se tornar uma coisa em vez de outra. Nosso narrar dá uma direção irreversível e forma o sonho num padrão definido.

Notar as limitações da narrativa não é questionar o poder da palavra, do *logos*, na terapia – de fato, o modo como contamos nossa história é o modo como formamos nossa terapia –, mas apenas manter a narrativa distinta da camada imaginal mais primária e notar sua, por vezes discrepante, fenomenologia. Quando lapsos verbais ou narrativos ocorrem ao contarmos os sonhos, nós os preenchemos, contribuímos com aquilo que faria sentido para o significado da narrativa – mas não necessariamente para o significado imagético. As imagens são inteiramente reversíveis; não têm uma ordem ou sequência fixa. Em alguns casos essas interpolações narrativas distorcem ou até mesmo traem a imagem, já que elas têm a tendência de colapsá-la na narrativa, na história que estamos contando. E, se os sonhos são primariamente imagens – a palavra grega para "sonho", *oneiros*, significava "imagem", não "história" –, então colocar as imagens numa narrativa é como olhar para um quadro e dele fazer uma história.

Esse sentido de narração é também reforçado pela terapia. Assim como contamos nossos sonhos, narramos nossas histórias de vida. Não apenas o conteúdo de nossos sonhos é influenciado pela análise, mas também o próprio estilo de nossa lembrança. A análise tende a enfatizar o narrativo, em vez do imagético, ainda que a ênfase de Jung na pintura e na escultura tenha ajudado a restaurar a primazia da imagem. Mas nossa verdadeira preocupação aqui não é saber qual relato, imagético ou narrativo, é mais básico. Ao invés, nossa reflexão aponta para o fato de que se o estilo de descrição narrativo está inextricavelmente ligado a um sentido de continuidade – aquilo que em psicoterapia chamamos de ego –, então estamos muito próximos do mau uso da continuidade em função do ego.

Isso nos leva à terceira e mais importante dificuldade da narrativa: ela tende a se tornar a viagem do ego. O herói tem um jeito de se fazer encontrar no meio de qualquer história.

Ele pode transformar qualquer coisa numa parábola sobre um jeito de fazer as coisas e permanecer por cima. A continuidade numa história torna-se *seu* movimento heroico contínuo. Portanto, quando lemos um sonho como narrativa não há nada mais ego-natural do que tomar a sequência do movimento como uma progressão que culmina no sucesso ou no fracasso do sonhador. O modo como a história nos encapsula dentro dela como protagonistas corrompe o sonho num espelho no qual o ego apenas enxerga suas preocupações. E uma vez que sua principal preocupação é com o progresso nos termos do sistema de valores que ele tem (qualquer que seja ele), a interpretação dos sonhos torna-se parte do progresso heroico. Sonhador e intérprete abrem seu caminho no inconsciente – decidindo e recusando aqui e acolá – porque a sequência dos eventos virou presa da ideia do melhoramento progressivo. Antes e depois tornaram-se também melhor e pior.

O problema está formado, uma vez que tanto o sonhador aparecendo no sonho, quanto as tendências heroicas do intérprete, podem aparecer em disfarces mais sutis do que aqueles óbvios da competência heroica. Ambos podem ser heroicos na função, ainda que sejam sensíveis e submissos. Assim como Hércules vestiu-se em roupas femininas num determinado momento, também o pode a consciência heroica. Mas abaixo dessa submissão o ego permanece o centro do sonho ou da história terapêutica. O sonho é sobre ele, sobre sua individuação.

Talvez aquilo a que estamos nos referindo como consciência heroica do ego é menos esta ou aquela figura mitológica e mais aquele modo que serve à inerente continuidade e intraconexão da imagem do sonho como um todo. Esse modo faz divisões continuamente entre bom e mau, amigos e inimigos, positivo e negativo, de acordo com o grau de concordância que essas figuras e eventos têm com nossas noções de progressão. Assim, interpretar como "negativo" ou "positivo" esses mesmos personagens é encarar a narrativa em seu significado manifesto, seu valor nominal, assim caindo na armadilha da ideia de movimento do ego onírico.

Como esse é um erro do tipo mais óbvio, a sofisticação analítica nos ensinou um ou dois movimentos contrários. Podemos, por exemplo, tomar partido dos maus elementos, assumindo o ponto de vista do "inconsciente" (as forças que se opõem ao ego onírico). Ou podemos tentar nos distanciar de vez da narrativa julgando-a. Podemos mostrar como a situação do sonho poderia ter sido mais bem manejada, onde o ego tomou uma má decisão ou construiu uma situação autodestrutiva. Tornamo-nos juízes, julgamos o desempenho. Mas assim fazendo, estamos talvez ainda mais presos na narrativa e sua ênfase no ego, já que essa armadilha é mais sutil. Nossas observações interpretativas sobre melhores maneiras de fazer as coisas são afirmações de uma consciência heroica e mais experiente (a nossa) contra outra (aquela do sonhador, que agora foi identificado com seu desempenho no sonho). Estamos simplesmente impondo ao sonho que troque seu mito heroico pelo nosso, ou que lhe dê um polimento em termos do nosso.

Já que a ligação com o ego ocasionada pela narrativa é, em algum nível, talvez inevitável, antes de irmos adiante devemos dar à narrativa o devido respeito. Não podemos ouvir uma história sem sermos pegos; não podemos narrar um conto sem nos sentirmos identificados com alguma parte. A narrativa, um modo muito profundo da experiência arquetípica, nos alcança emocional e imaginativamente. Quer se vá ou não longe o bastante a ponto de manter, como alguns o fizeram (cf. Stephen Crites), que sem narrativa não haveria experiência alguma, podemos ao menos concordar que as histórias alteram a experiência e enriquecem os padrões diários com uma significação arquetípica. Acontecimentos pessoais, humores, ciúmes e até mesmo sintomas, quando refletidos numa história, ganham peso e, ainda assim, distância. Padrões de vida estreitos tornam-se multidimensionais, e as variações trazidas pela narrativa tornam-se todas partes da experiência.

Mas exatamente o contrário é também verdadeiro quando, como alguma parte de mim sempre faz, eu tomo a narrativa egoisticamente demais, pessoalmente demais. Nesse caso, torno-me inflada da natureza arquetípica do material, e o material diminui para se encaixar nas minhas necessidades de ego. Há de fato um aspecto regressivo da *poesis*, um jeito pelo qual eu meramente reforço minha miopia, não enxergando a fantasia em seu aspecto autônomo e mais amplo, como não apenas "minha". Quando a vejo em sua magnitude arquetípica, os julgamentos caem por terra. Não há mais como dizer que este personagem é uma boa pessoa, aquele uma má pessoa, que esta figura tomou a decisão errada, ou ver quão inconsciente ela estava. Os personagens *são* inconscientes. Dado um certo arranjo de coisas, todas fazem o que têm que fazer; e, dadas as figuras, a situação tem que ser como é.

Finalmente, o modo como tratamos a narrativa é o modo como tratamos nossa própria psique. Escutar a história do sonho como uma alegoria moral com uma mensagem sobre o bom e o mau comportamento (progressivo, regressivo) é julgar nossas almas. Contudo, quando enxergamos a história como arquetípica, as personagens todas se tornam valiosas entidades subjetivas, tanto menores (apenas um pedaço, não uma identidade) quanto maiores (com mais ressonância arquetípica) que qualquer de nossas perspectivas particulares, estreitas e egocentradas.

Amplificação: uma maneira de lidarmos com a narrativa em análise é através de amplificação. Amplificar um sonho significa uma tentativa, através de analogias culturais, de torná-lo mais eloquente e mais amplo. À primeira vista, poderia parecer que esse processo requer principalmente uma retaguarda geral de conhecimento cultural combinada com uma pitada de intuição e sorte. Num exame mais acurado, entretanto, vemos que o processo é mais seletivo e coerente.

Quando nos perguntamos sobre o que fazemos numa amplificação, primeiramente encontramos *similaridades*. Uma figura ou tema no sonho é semelhante, num modo muito essencial, a uma figura ou tema míticos. A comparação que fazemos nos move de uma imagem pessoal para uma coletiva e cultural; movimentamo-nos de algo menor para algo maior, de algo razoavelmente conhecido (no sentido de estar próximo) para algo, ao invés, desconhecido (de amplo espectro). A chave parece ser essa qualidade de semelhança *essencial*. Enquanto uma semelhança que é meramente coincidente não nos faria ir muito longe – como aquelas forçadas de barra em amplificações muitas vezes usadas em detrimento do sonho real –, uma semelhança pela essência permaneceria por necessidade em conexão com a imagem do sonho, relacionamento este que seria expresso pelos símiles ("como se"), a fim de formar um paralelo ao invés de substituir a imagem real do sonho.

Elaboração: os sonhos são como nós de implicações condensadas, os quais elaboramos ao tomarmos palavras-chave cujas conotações explicamos ao tratar as palavras como imagens. Ir em direção ao oeste num sonho torna-se rumar para a liberdade, para o novo, para a morte, para o pôr do sol, *natura*, no sentido horário, extraversão... Quando o sonhador elabora, ou faz associações, há sempre o perigo de supervalorizá-las, de permitir que elas se tornem determinantes. Temos a tendência de esquecer que ele faz observações a partir provavelmente do ponto de vista da consciência, ou seja, que elas são egossintônicas – o que não quer dizer que não sejam válidas, mas que são limitadas.

Na maioria dos casos, a elaboração do sonhador conta-nos mais sobre o sonhador do que sobre o sonho. A partir de sua elaboração aprendemos algo sobre a posição do ego e os constructos através dos quais ele se enxerga. Digamos que o amigo-João aparece no texto, para quem o sonhador fornece os atributos associativos da preguiça, esperteza e falta de determinação. A partir disso, podemos concluir que o ideal de ego não é preguiçoso, nem esperto, mas determinado. Contudo, muito mais importante, aprendemos que o sonhador enxerga *nos termos* desses constructos. Eles pouco dizem sobre o sonho, já que são, afinal de contas, elaborações conscientes, mas nos dizem bastante a respeito da relação do ego com o conteúdo "amigo-João".

Uma solicitação exagerada do material associativo pode nos levar a uma dificuldade adicional em que podemos perder para a perspectiva consciente as sutilezas de uma figura onírica. Então perdemos a chance de dissolver uma rigidez consciente, expressa pela associação, e, ao invés, fazemos com que ela fique ainda mais rígida. O ego e o "amigo-João" tornam-se ainda mais firmemente entrincheirados nas posições que determinaram para si próprios e um para o outro.

Repetição: essa é outra característica que chama nossa atenção quando ouvimos ou lemos um sonho e que tem algumas implicações. Por repetições quero dizer semelhanças de todo e qualquer tipo. No mesmo sonho, podemos encontrar repetições de adjetivos – diversas coisas chamadas de "grandes" ou "verdes" –, de verbos – correr, apressar-se, acelerar –, ou de semelhança de forma – um pneu redondo, um relógio redondo –, e assim por diante. Ou o sonho pode mostrar a recorrência de um tema, por exemplo, um direcionamento da energia de baixo para cima. Digamos que num sonho vemos que a secretária não tem tempo e precisamos falar com o patrão, uma dor no joelho tornou-se agora uma dor de cabeça, alguém é promovido na escola. A coleção dessas repetições mostra um tema (o movimento ascendente) dentro do sonho. Esse movimento não pode ser questionado – não podemos dizer que ele *não deveria* aparecer – sem trair o nível da imagem no sonho. O máximo que podemos fazer, e já é bastante, é apontar a repetição e suas coordenadas: patrão, dor de cabeça, promoção acadêmica. Tudo isso tem a ver com uma ideia arquetípica de elevação, e cada item carrega os benefícios e as desvantagens dos outros.

Reafirmação: a maneira mais certa de manter as implicações próximas da imagem é reafirmando o sonho e suas frases, dando-lhes uma nova inflexão. Por reafirmação quero dizer uma nuança metafórica, ecoar ou refletir o texto para além de seu significado literal. Isso poderia ser feito de duas maneiras: primeiro, substituindo a palavra real com seus sinônimos e equivalentes (confira acima, no item *Elaboração*, onde o movimento em direção ao oeste se torna o movimento em direção à liberdade, à morte etc.). Segundo, simplesmente reafirmando com as mesmas palavras mas enfatizando a qualidade metafórica dentro das próprias palavras. "Estou dirigindo" no sentido literal torna-se "estou *dirigindo*" ou "*estou* dirigindo", dependendo de que sentido metafórico queremos enfatizar. Sem a reafirmação podemos ficar presos ao sonho em seu valor literal e então tirar conclusões fáceis, nunca verdadeiramente adentrando a psique ou o sonho. Quando estamos completamente aturdidos com um sonho, talvez não haja nada melhor a fazer do que *re*-contá-lo, deixar que ele soe novamente, escutando até que ele se abra a um novo sentido.

3 Suposição

> *Em nenhum outro lugar os preconceitos, as confusões de interpretação, os julgamentos de valor, as idiossincrasias e as projeções exibem-se mais desembaraçada e desavergonhadamente do que neste campo específico de pesquisa, independentemente se estamos a nos observar ou se observamos nosso vizinho. Em nenhum outro lugar o observador interfere mais drasticamente no experimento do que na psicologia.*
> JUNG, C.G. *CW* 17, § 160.

Até aqui falamos de nossa interpretação em termos do texto (*Imagem*) real do sonho e das *Implicações* que dele podemos retirar. Agora, consideraremos uma terceira categoria, *Suposição*, que está mais afastada do texto real do sonho e consequentemente mais aberta às predileções pessoais, opiniões e intuições do analista individual. Sob o título *Suposição*, poderíamos colocar qualquer afirmação de causalidade, qualquer uma em função deste ou daquele movimento interpretativo; da mesma forma, qualquer generalização feita com base no sonho, qualquer avaliação, prognose, qualquer uso dos tempos verbais de passado e futuro (isto será ou isto foi), assim como qualquer conselho literal a respeito da situação de vida do analisando.

Assim como na imagem todos os atributos descritivos estão costurados e formam um único contexto, e como nossa discussão sobre implicação centralizou-se em enxergar o sonho como narrativa, assim também as suposições originam-se e envolvem uma única atitude. Essa atitude sente-se muito obrigada a ter um efeito sobre o analisando, dar-lhe algo, qualquer coisa, para ele levar para casa. E, curiosamente, parece que, quanto mais falham os outros dois métodos, ou seja, quanto mais *nós* falhamos em nossa resposta imaginativa ao sonho, mais insistente é nossa sensação de que agora devemos *realmente* fazer a conexão. Infelizmente, nosso fracasso com a imagem e a implicação se dá provavelmente em função de nossos próprios lapsos de psique, nossa própria perda de realidade imaginal e de um sentido de alma. E quando isso ocorre, como parece inevitável, nosso primeiro movimento para recuperar a alma é projetá-la em todos os lugares e então *reclamar* sua realidade. Quando o delicado movimento da metáfora se perde, nossa tendência é convidar substitutos mais fortes, mais literais.

Agora, parece que o sonho só pode se tornar verdadeiramente relevante se o conectarmos com uma noção mais simplista da realidade, um movimento feito às custas da imagem, cuja realidade imaginal não mais podemos sentir. Perdemos nossa pedra de toque da imagem como psique e da psique como imagem e nossa premissa de que nada pode ser mais relevante ou real do que a própria imagem do sonho. Desesperadamente, tentamos conectar o sonho com a fantasia coletiva de uma realidade que chamamos vida, relacionamentos, o mundo do trabalho. Mas, curiosamente, esse movimento se torna um movimento rumo à magia. Pois, ao perdermos o poder verdadeiro da imagem, emprestamos poder de uma conexão mágica com o mundo da *materia* que o ego construiu. Aqui, por magia quero dizer: ler os aspectos impessoais do mundo em termos de minhas intenções e meus interesses pessoais (empregar os sonhos para prognose, diagnose, previsões, conexões secretas...). Uma forma moderna de pensamento mágico é o pensamento causal.

Causalidade: o sonho como imagem não faz nenhuma afirmação causal. Os eventos ocorrem em relação uns aos outros, mas esses eventos são conectivos, como na pintura ou na escultura, sem serem causais. Quando fazemos afirmações causais em nossas interpretações, ainda que algumas vezes isso seja útil, não estamos mais falando sobre a imaginação a partir da imaginação, mas, ao invés, a partir de um grupo de suposições físicas. Como o fazemos faz diferença em nossa interpretação. No fragmento de sonho "Estou numa sala com o Sr. X e de repente as luzes se apagam", poderíamos dizer:

a) O Sr. X faz com que as luzes se apaguem. (Em termos analíticos grosseiros, isso seria o mesmo que dizer que minha sombra X – e todas as qualidades que ela carrega – causa inconsciência. Assim dizendo, procederíamos então focalizando principalmente o agente, sombra X.)

b) Ou X é o resultado de as luzes terem se apagado. (Neste caso, a inconsciência é uma precondição para a aparição de X, e portanto dirigiríamos nossa atenção para o estado inconsciente como agente.)

Vamos ver outro exemplo: "Meu noivo e eu estamos passeando nas montanhas num trenó puxado por cavalos. Paramos em frente à casa de minha mãe. Ela nos vê e então bate à porta de forma que os cavalos entram em pânico e nos puxam para baixo na montanha numa velocidade amedrontante". A afirmação causal mais aparente aqui é aquela dada pelo ego onírico – a batida de porta da mãe *causa* o pânico dos cavalos. Mas levar isso em conta como a base para a interpretação do sonho é ignorar a imagem total. Estarmos eu e meu noivo andando de trenó na montanha de neve poderia, igualmente, ser visto como a causa de minha mãe bater a porta ou a causa do pânico dos cavalos e a puxada para baixo. Se damos reconhecimento igual a cada aspecto do sonho, percebemos que todos os eventos afetam e simultaneamente se constelam uns aos outros. Portanto, analiticamente é a situação total que devemos perceber, não um ou outro aspecto que, tomado causalmente, excluiria os outros. Talvez este seja o real perigo do pensamento causal, e o motivo para Jung nos ter alertado tanto com respeito a ele. Quando a prioridade de agente é dada a alguma coisa, todo o resto se torna subsidiário, meros aspectos não mais com intencionalidade própria. Então, o propósito é conferido apenas à causa inicial (ou causas), e o resto cai num estado sem *anima*, sem movimento ou intencionalidade.

Avaliação: aqui nos referimos a qualquer afirmação positiva/negativa, qualquer julgamento de valor aplicado a um sonho ou a qualquer parte dele. No nível da imagem as avaliações não se aplicam, pois a imagem simplesmente *é*. Minha mãe espetando agulhas em mim não é nem positivo nem negativo; simplesmente é. Na implicação, entretanto, com sua ênfase na narrativa, os personagens assumem alguma qualidade – se não de bom ou de mau – ao menos de ajuda ou de impedimento. Minha mãe está me atrapalhando, o protagonista. Mas isso se dá somente porque tenho a ideia de mim mesmo como protagonista e assim preciso de outros posicionando-se como ajuda ou impedimento. Qualquer ideia de avaliação do comportamento de minha mãe com as agulhas – ela é uma personagem negativa, ou é tudo para o meu próprio bem – é pura suposição. Em nosso sonho inicial, com os sete exemplos de interpretação, poderíamos da mesma forma supor que é bom para o sonhador estar deitado, ou que é mera passividade, ou que o homem desconhecido é como uma intelectualização, levando-a para cima e para nada, ou como um *animus* positivo guiando-a nas desconhecidas regiões de sua psique. Qual dessas alternativas supomos refletir nossas projeções específicas sobre o sonho ou nossas ideias sobre essas coisas em geral?

Generalização: um sonho é uma afirmação específica de uma constelação particular de personagens e cenários, de forma que todas as tentativas de generalização são suposições. Muito do que fazemos em psicologia tem a ver com generalizações. Vemos uma ocorrência ou um fato particulares e imediatamente tentamos dar-lhes um significado geral, encaixá-los numa moldura mais ampla. Com base num único sonho, dizemos que o sonhador é deste ou daquele tipo de pessoa ou que tem este ou aquele problema. Fazemos uma identificação de "trabalho". As generalizações são extremamente úteis assim que enxergamos que são meramente suposições mais ou menos inteligentes. Mas muito do que ganhamos com elas também podemos alcançar por meio de amplificação. Ao amplificar, convidamos paralelos, padrões de significados. Contudo, na amplificação não se perde o particular de vista, o particular não é engolido pelo geral, mas colocado lado a lado, como uma segunda melodia no mesmo tom. Motivos oníricos particulares podem facilmente ter motivos míticos como paralelos sem estarem subordinados a eles.

Especificação: bem-ligado à generalização está aquilo que pareceria seu oposto. Ao invés de ampliar o contexto do sonho, a especificação refere-se a seu estreitamento para uma aplicação específica. O sonho está focado numa ou noutra preocupação do sonhador. Dizemos "Este sonho tem a ver com a análise, ou com sua relação com seu pai, com seu casamento, com sua profissão...", com o que sugerimos o que deve o sonhador *fazer* a respeito dessas questões e que o sonho está dando as indicações. Na verdade, falamos sobre os sonhos como se eles fossem uma entidade teológica: conhecedor como um Deus onisciente, cuidadoso como um Deus do Novo Testamento, criador como um Deus do Velho Testamento e, ainda assim, pensante exatamente como eu e você. Os sonhos estão preocupados com todas as coisas triviais com as quais estamos preocupados – onde ir, o que fazer – e então nos corrigem quando fizemos as coisas erradas ou tomamos as decisões erradas. Especificar o sonho numa mensagem tanto o antropomorfiza quanto o diviniza. Quer isso seja encarado como uma secularização do instinto religioso, um deslocamento, ou um novo jorro de significado, depende inteiramente de nossas tendências teológicas. Mas, qualquer posição que tomemos em relação a essa questão teológica, uma coisa permanece psicologicamente certa: todas as conclusões específicas a que chegamos estão no campo das suposições. O sonho não nos dá um conselho específico; nós é que o fazemos, utilizando o sonho como suporte.

*

Quando olhamos de volta todas essas suposições, percebemos que muito do que na verdade fazemos em terapia cai nessa categoria. Poderíamos então supor que a análise dos sonhos é algo altamente pessoal, tanto assim que as interpretações falam mais a respeito do intérprete do que do material sob observação. E, de fato, isso é assim, como sabemos a partir das sete diferentes interpretações com as quais começamos este capítulo. Se a interpretação de sonhos é portanto tão subjetiva, podemos conjecturar como ela funciona.

Exatamente aqui está o pulo do gato – pois ela funciona. Aquilo que a faz funcionar deve estar baseado em algo diferente da imagem do sonho e suas implicações. Uma vez que as relações entre a imagem do sonho e nossas suposições são tão tênues, não podemos mais afirmar que nossas interpretações são baseadas no sonho. Sua validade deve derivar-se de outra fonte, que eu suponho podemos chamar de habilidade terapêutica.

Será que isso quer dizer que completamos todo um círculo desde nosso ponto de partida apenas para retornarmos ao pragmatismo com o qual iniciamos e do qual tentamos escapar? Se nossas interpretações são principalmente suposições, e são bem-sucedidas em função de nossa habilidade terapêutica, então talvez tenhamos que basear nossa habilidade prática numa teoria da terapia diferente, ou seja, não mais disfarçada, de uma teoria dos sonhos. Demos um primeiro passo nessa direção ao tentar reconhecer e distinguir nossos movimentos com relação aos sonhos.

Quando olhamos novamente o que dissemos, podemos também nos perguntar *por que* tanto do que fazemos com os sonhos é suposição. Apesar da riqueza interna da imagem onírica, ou talvez exatamente por causa disso, parece que damos menos atenção a essa categoria. Será que então supomos exatamente por que não podemos mais imaginar? O sonho nos confunde com o poder de suas imagens e ficamos muito perdidos quando temos que responder com um poder equivalente. Nossa imaginação não é treinada, e não temos uma epistemologia adequada para a imaginação com a qual ir ao encontro da imagem onírica em seu próprio nível.

O treinamento de analistas nos ensina fundamentalmente como supor sobre os sonhos e como trabalhar com suas implicações. Aprendemos imitando as suposições de nossos analistas sobre nossos próprios sonhos. O que não aprendemos é uma psicologia da imagem comparável ao que aprendem estudantes de arqueologia, iconografia, estética ou crítica literária sobre a imagem em *seus* campos. Mas nós não podemos nem mesmo começar a descobrir o que seria uma psicologia da imagem enquanto estivermos, na psicologia, explorando a imagem em função daquilo que assumimos serem nossos objetivos terapêuticos. Talvez o caminho inverso fosse mais apropriado: descobrir o que quer a imagem e daí determinar nossa terapia.

Porém, treinar a imaginação e desenvolver-lhe uma epistemologia está cheio de perigos. Por um lado, precisamos reconhecer nosso atrofiamento histórico com relação à imaginação, de forma que, quando começamos a imaginar respondendo a imagens de sonho, da literatura ou de qualquer outra coisa, não fiquemos surpresos com o empobrecimento e a subjetividade de nossas respostas. Por outro lado, como que para compensar a iconoclastia de nossa tradição, há uma glorificação indiferenciada de imagens, o que não nos leva nem à precisão, nem a uma conexão psicológica.

Talvez o único caminho através dessas duas limitantes alternativas seja uma *via negativa*, uma psicologia da imagem que se origine do reconhecimento de movimentos impróprios. Neste capítulo, tentamos tal abordagem. Nosso objetivo foi trabalhar um método para a autoconsciência interpretativa, clareando assim um pouco da confusão das imagens primárias da psique – aquelas que aparecem nos sonhos. Ao refletir sobre nossas movimentações interpretativas em face aos sonhos, podemos ganhar alguma diferenciação ao perceber quando não estamos respeitando o imaginal.

5 Defesa e *telos* nos sonhos*

Quando chamo alguma coisa em terapia de uma "defesa" estou ao mesmo tempo definindo algo como meu objetivo terapêutico. Uma defesa é o que é porque defende contra esse objetivo implícito. Por exemplo, se vejo meu paciente como defensivamente isolado daquilo que o cerca, estou subentendendo que o meu objetivo seja a interação dele com aquilo que o cerca. Se o vejo como desconectado, estou subentendendo conexão; se o vejo como inadaptado, subentendo adaptação. A defesa faz sentido apenas em termos de algum valor ou objetivo terapêutico. Então, para considerar as defesas nos sonhos, devo também postular algum objetivo dentro do sonho, contra o qual a defesa defende. Sugiro que este objetivo seja aquilo que Jung chamou de *telos* do sonho, a finalidade do sonho ou seu propósito, a direção para a qual ele aponta, o motivo pelo qual o sonho existe.

Telos *interno*: Jung diferenciou esse objetivo ou perspectiva finalista daquela abordagem freudiana causal, uma abordagem mais redutiva. Freud viu uma variedade de imagens aparecendo como disfarce de uma ideia central, para a qual

---

* Originalmente publicado na Revista *Spring*, 1978.

elas podiam então ser reduzidas. Contudo, Jung insistiu que imagens distintas não são reduzidas, nem para uma ideia central, nem para algo conhecido. Uma imagem era "mais do que" qualquer coisa que poderia ser dita sobre ela. Para Jung, as imagens se revelavam, ou seja, tinham *telos* e propósito para além delas mesmas.

A perspectiva finalista de Jung é válida não apenas para imagens individuais, mas também para o sonho como um todo. O que equivale dizer que o sonho tenciona algo de valor psíquico, o sonho tem *telos* e propósito, e esta é a razão pela qual ele existe.

Para encontrar esse objetivo dentro de um sonho, não devemos reduzir o sonho. Uma maneira através da qual essa redução pode ocorrer é colocar o propósito fora do sonho. Com o *telos* assim deslocado, nos encontramos nessa curiosa posição de interpretar o sonho em termos de uma "causa" que não aparece nele de forma alguma. O sonho então perde valor por ser reduzido e explicado como resultado de alguma coisa fora dele mesmo. É exigido que o sonho se encaixe em suposições maiores e que sirva a um *telos* para além de si mesmo, um *telos* que tem dado ao sonhar o seu valor. Digamos que eu sonhe que estou em um banquete. Se eu colocar o propósito fora do sonho, posso dizer algo do tipo: "Sim, sonho que estou num banquete e é porque, na vida real, estou faminto". O sonho compensa e preenche a grande suposição de balancear minha pobre consciência com riquezas interiores. Essa interpretação tanto reduz a imagem precisa do sonho a uma abstração geral (compensação ou balanço) quanto localiza a razão para a existência do sonho, seu *telos*, fora do sonho. Então, o sonho foi roubado do seu objetivo inerente. Além disso, o significado do sonho dependeria de atitudes teóricas e eventos factuais fora dele – neste caso, do fato de eu estar faminto e da teoria da compensação. Como essas atitudes e eventos mudam dia a dia e de analista para analista (de acordo com as escolas de interpretação), o valor de um sonho está sujeito a vicissitudes externas. Então, temos interpretações que competem com posições radicalmente diferentes. A interpretação dos sonhos torna-se uma atividade do "reino da opinião" e o sonho torna-se arbitrário, subjetivo e dependente acima de tudo dos valores externos com os quais ele é relacionado.

Uma interpretação do mesmo sonho com o *telos* intacto pode ser diferente: "Sim, sonho que estou num banquete porque em alguma parte de mim mesma – não importa o quão miserável minha vida se pareça – estou, contudo, num banquete. Se isso é uma surpresa para mim, então ando perdendo alguma coisa".

Minha intenção neste capítulo é ver o sonho como valioso em si mesmo e irredutível a qualquer outro fator. Considerarei que o propósito está dentro do sonho e tomarei esse movimento finalista como sendo o *telos* do sonho. Considerando esse valor, teremos, eventualmente, uma maneira de ver aquilo que bloqueia, interrompe ou defende contra o *telos*. Mas, primeiramente, necessitamos de outro princípio, e para isso vamos voltar a uma regra formulada pelo velho John Layard.

Regra de Layard: tudo no sonho está certo exceto talvez o ego onírico. A afirmação de Layard dá primariamente valor ao inconsciente. Todas as figuras e eventos nos sonhos, como produto de profundas leis psíquicas, são como devem ser. São expressões genuínas da psique. Mas o ego onírico, pelo qual o sonhador experimenta a si próprio, reflete mais intimamente a sua atitude consciente. Esse "Eu", como consciência de si mesmo, tende a ser unilateral e geralmente cego para considerações, movimentos e valores profundos, e então os problemas e conflitos nos sonhos não podem ser responsabilidade de uma ou outra figura psíquica – as quais estão simplesmente "fazendo o que devem fazer". Além do mais, as tendências e atitudes do ego onírico devem ser examinadas por seu papel no conflito.

A perspectiva do telos: o consenso junguiano certamente veria certos sonhos da perspectiva que estou propondo. Por exemplo, se um ego onírico mata uma cobra coroada ou abandona uma criança faminta, todos concordaríamos que o sonhador (representado pelo ego onírico) está inconsciente do profundo valor da cobra ou da criança, e portanto está agindo em desacordo com o do propósito do sonho. Nossa concordância é possível porque aprendemos, em nossa formação como analistas, o valor simbólico dessas imagens particulares.

Mas vamos prosseguir um pouco mais com este exemplo rumo a uma ambiguidade mais profunda – digamos que a cobra não está coroada, que ela aparece fora do esgoto, ou na cesta de costura da minha mãe, que sua cor é feia, preta e escura e que ela está avançando sobre o(a) sonhador(a) para devorá-lo(a).

Aqui, a atitude analítica começará a se dividir. Alguns de nós, partidários do ego onírico, veremos a cobra como uma ameaça a ser evitada ou confrontada. Outros, apoiados na amplificação referente à jornada marítima noturna, verão o mesmo sonho como evidência de um importante processo a ser percorrido.

Contudo, cada um nesse ponto possivelmente justificaria sua visão colocando o *telos* do sonho fora dele. Se a inclinação do analista for pela força, por egos realizadores, e o analisando (um homem) for visto como fraco, então o analista enfatizará as virtudes compensatórias da batalha com a cobra, e de manter-se firme, resistindo à tentação de ser devorado. O sonho seria visto como compensação da situação de vida de um sonhador que é fraco, preso à mãe e passivo. Porque ele é passivo, corre perigo de ser devorado. A intenção ou *telos* da psique é conscientizar o sonhador sobre a passividade, mostrando o horror da situação à qual ele não deve sucumbir. Esta interpretação do propósito do sonho depende, acima de tudo, da nossa visão sobre o sonhador e, também, da nossa compreensão de que lutar e resistir são atitudes melhores do que ser engolido para dentro de algo desconhecido.

Embora outro analista possa ver a situação de forma bem diferente, seu ponto de vista, assim como o do primeiro, estará baseado em um *telos* externo. Aqui, estou imaginando um analista que "não tenha medo de ser devorado" e que esteja muito mais sintonizado em explorar do que lutar contra as cobras, as mães e o inconsciente. Esse analista provavelmente veria o analisando como capaz de beneficiar-se da jornada marítima noturna (bem como de outra experiência psíquica). Para esse analista, o sonho seria a compensação de atitudes unilaterais do sonhador – só conscientes, só envolvidas com a vida – para iniciá-lo dentro de algo mais profundo.

Em qualquer dos casos, seja qual for a inclinação do analista e seja como for que ele use a ideia de compensação, o *telos* do sonho teria sido colocado fora do sonho e o sonho teria sido interpretado a partir das suposições do analista sobre o sonhador, a situação do sonhador e a vida psíquica em geral.

Compensação: ambos os analistas acima usaram uma ideia de compensação para justificar suas interpretações. Isso é possível porque a compensação pode ser ampliada para abarcar qualquer coisa que desejemos[1]. Mas, nesse caso, a explanação para a compensação sinaliza que o sonho está servindo a um propósito externo. Quando focamos, acima de tudo, o sonho em si mesmo – trabalhamos somente com o que está lá –, a referência à compensação se torna desnecessária. Falamos sobre compensação apenas quando não conseguimos imaginar a partir do sonho e com o sonho. Quando uma imagem ou sonho aparecem opacos, tendemos a deixá-los e nos voltarmos a algo mais geral ou conceitualmente mais familiar. Encarar a realidade imagística de uma cobra devoradora, explorar precisamente como essa imagem trabalha no sonho, sentir a ansiedade que ela cria – isso é difícil. É muito mais fácil postular sobre o sonhador, cujo sonho deve estar compensado e sobre quem já temos ideias prévias.

Quando tomamos o sonho em si mesmo como uma realidade em seu próprio contexto e que é sua melhor expressão, achamos que podemos escavar mais profundamente dentro dele. Não podemos usar como desculpa nossas inadequações imaginativas opinando sobre a vida do sonhador e suas decisões pessoais, ou reposicionando a realidade onírica com aquilo que achamos que o sonhador deveria estar fazendo consigo mesmo, com o desenvolvimento de seu eros, com a sua função inferior, com seus problemas de autoridade. Sem a ideia da compensação nos governando, poderíamos até descobrir que não temos nem mesmo uma visão importante sobre

---

1. Cf. "A natureza dos sonhos", OC 8, § 546, onde Jung discute como a compensação pode se opor, divergir ou concordar com a atitude consciente.

cobras coroadas, ou cobras feias, e podemos simplesmente ficar com as imagens do sonho tal qual elas aparecem.

Embora possa parecer que estou focando principalmente nas variantes analíticas, não é essa minha principal preocupação. É claro que todos temos posições teóricas e fazemos suposições sobre o paciente. Também não estou primariamente preocupada em alcançar a verdade "objetiva" do sonho em qualquer sentido absoluto. Mas estou tentando acentuar o sonho em si mesmo como prioridade para qualquer coisa que possamos supor sobre ele. Retornando ao sonho, espero clarear o modo pelo qual podemos discernir o próprio *telos* do sonho.

O sonho como "precisamente isto": devido ao fato de Layard ter formulado sua máxima enfatizando o sonho como "certo", podemos ser levados facilmente a dividir situações nos sonhos. Contudo, *telos* não é uma questão de dizer "isto está certo e isto está errado", mas meramente "isto é o jeito que isto é nesta situação psíquica particular". O sonho é justamente isso. Ele não é nem certo nem errado.

Como ilustração, o seguinte fragmento de sonho: "estou usando um suéter verde, mas minha mãe sugere que eu vista um vermelho". O fato de minha mãe preferir o vermelho me diz algo sobre minha mãe, me diz como ela deseja vestir a parte superior do meu corpo nessa situação; o fato de eu vestir verde me fala sobre a preferência do meu ego, a atitude que tendo a "usar" (vestir). A imagem como um todo me diz que a minha atitude verde é enfraquecida quando a preferência vermelha dela é pronunciada. Aqui não se trata de escolher por uma cor em detrimento da outra, mas de tornar-se consciente a respeito da qualidade dessas duas preferências e sua interação como constructos em minha psique.

No capítulo anterior[2], sugeri "quando-então" como um meio de ver essa interligação entre as imagens e parte das imagens. Isso significa que, quando uma coisa ocorre (meu verde), outra coisa acontece também (o vermelho da minha mãe). Uma é condição para a outra. A visão "quando-então" das imagens mostra que elas são padrões, constructos psíquicos – cada parte de uma constela a outra.

A máxima de Layard adiciona uma ênfase ou valor a esse modo de ver por sugerir que pode ser mais valioso explorar o vermelho da mãe do que reafirmar a minha própria atitude verde. Como o vermelho da mãe está mais longe da atitude do ego – minha maneira de ser mais habitual e mais consciente – o vermelho da mãe (como mais inconsciente) é o que mais necessito para me tornar consciente. Do ponto de vista finalista, isso conduz minha consciência para lugares desconhecidos, portanto mais profundos.

Individuação: o que estamos chamando de *telos* pode também ser considerado a individuação do sonho. Mesmo nesse exemplo meio inócuo, a percepção do vermelho de minha mãe conduz minha psique para além das fronteiras estabelecidas da consciência. Minha percepção torna-se mais profunda e mais diferenciada. Vista dessa maneira bastante específica, a individuação torna-se uma realidade por ter sido imaginada com precisão. Isso não é falar de individuação como uma generalização ampla, uma abstração preocupada com a união dos opostos. Mais do que isso, encontramo-nos

---

2. Cf. cap. 4: "Uma abordagem ao sonho".

focados sobre momentos precisos na forma em que aparecem em cada sonho. Esse foco traz a individuação para a realidade dos momentos particulares.

Considerar a individuação como um valor em cada sonho dá mais crédito à psique da maneira como ela aparece de fato. Entretanto, a máxima de Layard implica que as tensões e conflitos que aparecem no sonho (como na vida) são necessários, e até mesmo essenciais. A psique é profundamente complicada e suas tensões são os significados pelos quais ela se movimenta. Os outros egos-estrangeiros que dão trabalho ao ego-onírico, às vezes de forma torturante, estão, ao mesmo tempo, tornando possível o movimento da individuação. A tensão é o grão moído pelo qual a psique trabalha, a maneira pela qual ela se alarga e se diferencia. Essa é uma individuação sem "bandeiras", mas é, no entanto, verdadeira para a personalidade única em todas as suas limitações e conflitos particulares. De fato, a forma dessas limitações e conflitos *é* única. Individuação *é* lutar com o *telos* da psique – mesmo quando esse *telos* corre contra as perspectivas naturais e comportamentos normais do ego.

Valores da imagem: quando examinamos imagens dentro do contexto dos sonhos, descobrimos que não podemos considerar qualquer imagem *per se* como necessariamente mais importante do que outra, ou mais provável de carregar o *telos* do sonho.

Para retornarmos à imagem da cobra coroada, vamos fazer de conta que o sonho foi assim:
> Há uma cobra coroada da qual eu sou o guardião. Meu trabalho é trazer ratos para ela comer. De repente, um dos ratos me ataca e me morde.

Aqui a cobra coroada, embora talvez ainda uma imagem numinosa, não é a portadora do propósito do sonho. Das duas imagens, rato e cobra, cobra está mais perto da consciência do ego (aquela a quem o ego defende), mas o rato, simbolicamente menos numinoso, tradicionalmente uma peste, um "traidor", está aqui funcionando como o *telos* do sonho. A cobra coroada, já que mais ego-sintônica, está também mais associada com as defesas do ego, enquanto o rato como ego-estrangeiro carrega o *telos* do sonho. O mecanismo de defesa do ego envolve alimentar a cobra coroada com ratos. Bem, o que pode se parecer com isto?

Será que o sonhador se livra de seus ratos – seu senso baixo e carniceiro das sombras e seu desolado instinto de sobrevivência – entregando-os a um aspecto majestoso, mágico e shamanístico da sua personalidade que é mais valorizado? Sendo assim, esse ingerir rato (dentro de cobra) é uma transformação e um processo psíquico valioso. Mas aqui a ênfase é bastante contrária. O rato rebela-se, exigindo reconhecimento em seus próprios termos – os quais evidentemente não podem ser os termos da cobra coroada! O rato não pode mais ser simplesmente dado para ser engolido pela cobra coroada. A "defensividade" desse movimento devorador ficou aparente através do contramovimento da mordida do rato. O ataque do rato direciona-se ao corpo do sonhador. Para o sonhador, entrar em contato com o rato talvez seja também estar em contato com o corpo, o meio pelo qual o rato o alcança. E vice-versa, estar em contato com o corpo é estar consciente do reino do rato – seu sentido de sombra e seu sentido de sobrevivência.

Nosso principal ponto de vista aqui é de que as imagens devem estar dentro de um contexto para nos dizerem alguma coisa a respeito do *telos* e da defesa. Dentro do contexto mais amplo do sonho, as imagens mostram interconexões e interações, de forma que podemos reconhecer *telos* como aquilo que é mais estrangeiro ao ego, e defesa como aquilo que é mais sintônico ao ego. O ego não é ameaçado por aquilo que defende em suas atitudes e modos de percepção, mas sim por aquilo que o desafia e o perturba.

Sentimento e defesa: vimos que uma imagem numinosa, como a cobra coroada, não precisa carregar necessariamente o *telos* do sonho. Nem precisamos necessariamente decidir sobre esse *telos* com o nosso "sentimento". Frequentemente, o que é sentido como mais correto e mais importante é sentido porque está o mais próximo possível das atitudes do nosso ego. O sentimento pode ser uma afirmação do ego tanto quanto o pensamento, ou qualquer outro modo de percepção.

Entretanto, o sentimento é particularmente difícil de se desemaranhar, porque ele *sente* de forma tão pessoal, tão correta: sentimentos estão intimamente envolvidos com o sentido de valor do ego e sua verdade emocional – qualidades difíceis de serem deixadas de lado com relação ao que parece às vezes um *telos* inumano, sem sentimento. Por exemplo, um homem sonhou que tinha recebido uma transfusão de sangue de uma mulher doente. Essa imagem parece revoltante ao nosso senso de saúde e às expectativas do nosso ego, no que diz respeito a tratamento e cura. Isso parece humana e medicamente errado. Receber sangue infectado dentro das nossas próprias veias é demais.

Existem realmente muitas imagens oníricas que nos fazem sentir horrorizados, furiosos ou doentes. O *telos* dos sonhos nos faz sentir isso. Para ser fiel ao sonho temos que admitir que o valor psíquico pode se encontrar exatamente onde os nossos sentimentos mais se revoltam. Trabalhar com a máxima de Layard significa que não podemos tomar muito literalmente nossos sentimentos tão naturais, tão primários. Na verdade, esses sentimentos – partilhados pelo ego no sonho e entre o analista e o analisando na sessão – podem ser precisamente onde a defesa contra o *telos* do sonho está escondida.

Então, a máxima de Layard requer uma certa delicadeza, porque todos sustentamos nossos mais queridos sentimentos e não queremos suspeitar deles. O ato de admitir o valor de um *telos* onírico repulsivo ou cruel, contrário aos nossos sentimentos naturais, requer empatia e uma harmonização mais sutil do sentimento do que naquelas instâncias que não ameaçam. Nos posicionarmos contra nossos sentimentos naturais e primários requer uma diferenciação do sentimento de forma a podermos sentir o valor daquilo que a psique valoriza.

Defesa e telos: Freud viu os sintomas como uma busca de soluções. Ele supunha que os sintomas atuavam como guardiões, dando uma expressão parcial aos conteúdos do inconsciente, assegurando, além disso, sua repressão contínua. Imaginado psicologicamente, esse mecanismo é como deixar algum vapor de uma panela escapar de forma a não explodir a tampa e tudo mais. Em outras palavras, a repressão é mantida para aliviar algumas de suas pressões na forma de sintomas.

Sintomas são defesas. Então, para nossos propósitos, nossa hipótese é de que *uma defesa expressa alguma coisa do conteúdo inconsciente do qual ela se defende.* Como falei anteriormente[3], semelhante não apenas cura semelhante, mas também *defende* de semelhante.

Além do mais, as defesas são mais efetivas quanto mais se parecem com inimigo (de quem elas estão se defendendo). Isso implica que preparada antecipadamente o bastante, a defesa se torna indistinguível do seu inimigo. Assemelhando-se cada vez mais, a defesa se torna, com crescente eficiência, mais parecida com aquele conteúdo do qual está se defendendo.

Digamos que eu pegue um resfriado que simule o meu sentimento inconsciente de estar "numa fria" e desamparado. Meu sintoma tanto expressa o conteúdo inconsciente (estar resfriado e não ser amado) como me defende de ter que reconhecer esse sentimento diretamente. Quanto pior o resfriado fica, mais aparente é para mim que eu de fato preciso de mais carinho. Então, meu sintoma me conduziu ao conteúdo inconsciente do qual eu estava parcialmente me defendendo.

Ou, outro exemplo, ao apaziguar minha mãe com um amor simulado, defendo-me contra meu profundo amor por ela. Mas, quanto mais simulo, com pequenas atenções e gestos, mais me aproximo do conteúdo do amor. Ou ainda, digamos que eu tenha sintomas somáticos que expressam meus sentimentos de doença. Quanto mais eu somatizo dessa maneira, mais próximo de estar realmente doente eu fico.

Ao acentuar o conteúdo da defesa, temos nos movimentado de uma atitude freudiana para uma atitude mais junguiana. Temos dito que a defesa expressa o conteúdo do qual ela própria se defende. Agora, o "pulo do gato" junguiano: cada conteúdo tem *telos*. Se uma defesa expressa conteúdos inconscientes (Freud) e se conteúdos inconscientes são propo-

---

3. Cf. cap. 2: "A neurose e o rapto de Deméter/Perséfone".

sitais (Jung), então, como nosso título sugere, "defesa e *telos* nos sonhos" têm uma relação inerente; de fato, a defesa é uma face do propósito do sonho e necessária para a natureza precisa do sonho. *A defesa tem tanto propósito quanto o próprio* telos.

O problema é, claro, que a defesa também bloqueia, infelizmente. No entanto, uma defesa resiste não apenas porque ela é uma defesa, e isto é o que a defesa faz, mas também porque ela tem um valor oculto para proteger. Ela também expressa o *telos* do sonho. Então, faz aparentemente duas coisas contrárias: tanto carrega o *telos* como bloqueia a realização do mesmo. Tanto expressa como defende.

Interpenetração de telos *e defesa*: nossa perspectiva sobre o relacionamento entre defesa e *telos* não nos dá, de jeito nenhum, uma fórmula para resultados fáceis. Como podemos trabalhar com uma defesa sendo ela mesma uma protetora dos valores psíquicos? Como podemos desmontar uma defesa sem ao mesmo tempo simplificar o propósito do sonho, do qual a defesa é uma parte integral? Analisar simplesmente a defesa a distância destruiria o valor psíquico que ela carrega.

Além do mais, perdemos o manejo original do nosso interrogatório. As duas distinções, *telos* em uma mão e defesa em outra, tornaram-se agora ambiguamente misturadas. Não podemos mais afirmar com a mesma segurança que *telos* – e somente *telos* – está representado em uma parte do sonho, e defesa – e somente defesa – em outra parte do sonho. Tanto quanto gostaríamos de dizer, por exemplo, que uma figura de sonho foi claramente útil e outra claramente defensiva, agora precisamos acrescentar: Utilidade para o que e para quem? E foi defensiva em termos de quê? Uma vez que as figuras carregam uma a outra de algum modo, temos renunciado a qualquer perspectiva de fora do sonho para julgá-las. Embora possamos fazer distinções iniciais entre *telos* e defesa, essas distinções são feitas apenas com o objetivo de finalmente apreciar a sua profunda interpenetração.

Vamos colocar nossa perspectiva em prática. As duas imagens seguintes apareceram no sonho de um homem: "vejo uma mulher morta, nua e enforcada[...] eu visto um vestido vermelho[...]".

À la John Layard, podemos começar dizendo que a mulher morta, enforcada e nua é o *telos* do sonho. Mas devemos ir além, senão dividimos *telos* e defesa e simplesmente condenamos o ego pela inconveniência do seu vestido vermelho. Dessa forma, vamos adiante dizendo: a primeira imagem mostra o estado psíquico (a mulher nua, morta e enforcada) percebido pelo ego onírico. A segunda imagem (eu visto um vestido vermelho) descreve o que o ego faz. Quando ele vê a mulher enforcada, morta, ele se defende vestindo um vestido vermelho. Sua reação é sua resistência contra uma imagem particularmente horrível. Ainda assim, por que essa defesa em particular? A defesa envolve um "vestir externo", vestindo uma "aparência", que é feminina (um vestido de mulher), vermelha (uma cor vibrante, extravagante, da visibilidade, do fogo, do sangue e da paixão). Seria a defesa como a histeria, envolvendo atuação (*acting out*), ostentação? Teria o sonhador o "hábito" de uma vida maníaca numa defesa contra o sentido de uma alma morta?

Vamos admitir ser esta a natureza da defesa, mas com qual propósito? Presumivelmente para evitar alguma coisa que seria mais dolorosa ou difícil de realizar. Para esse sonhador, é aparentemente mais fácil mover-se para dentro do *show* demonstrativo das roupas femininas vermelhas do que sentir a verdade de sua mulher enforcada, morta e nua. Sim, isso é um círculo neurótico. Para reverter a imagem, *quando* ele veste o vestido vermelho, *então* sua mulher é morta e enforcada.

Freud diria que essa defesa funciona porque dá expressão parcial para as forças inconscientes, até então comprometidas com a necessidade de mudança. Mas Jung perguntaria qual conteúdo o sintoma (vestir o vestido vermelho) está tentando expressar. Qual é o seu propósito? Sua existência não pode ser completamente negativa, "nada mais" do que defensiva. O vestir do ego onírico também deve ter um propósito, visar alguma coisa.

Obviamente, o que essa defesa parece visar é a mulher. E faz isso muito vividamente – com o vermelho. Mas, também, aquilo de que o sonhador escapa é a mulher (na forma de uma mulher enforcada, nua e morta). Então, podemos ver que, num nível mais profundo, *o* telos *da defesa e o* telos *do sonho estão secretamente interligados.*

Assemelhar: vimos o vestir as roupas de mulher como uma tentativa de parecer uma mulher. O modo natural de defesa do ego foi se assemelhar de maneira floreada e apotropaica àquilo que ele teme, e assim dispersar sua ameaça mortífera. Sua resposta foi no nível da aparência (como o fez Hércules), vestindo roupas de mulher. Ainda assim, vestir é também suportar, carregar, habituar-se, dar um estilo para, modelar, encontrar um jeito, assumir a aparência com uma vestimenta – não apenas cobrir-se como uma *persona*.

Não podemos permitir que a "semelhança" do sonhador acabe aqui como um vestir histérico. Do ponto de vista terapêutico, podemos aprofundar mimeticamente a resposta defensiva através da semelhança que já se estabeleceu com uma mulher. Usando roupas de mulher, o sonhador assumiu a aparência de mulher. Se tivesse adquirido mais feminilidade de outras maneiras, não mais precisaria viver o conteúdo defensiva e superficialmente. Ou seja, quanto mais o sonhador puder reconhecer o valor do conteúdo (mulher), mais sangue ele pode dar para ela, e menos enforcada e incômoda ela se tornará, menos um conteúdo morto secando no ar. Então, a defesa pode ser desobrigada de ter que ser o único modo de afirmar o valor da mulher.

Porém, para desobrigar a defesa de carregar o conteúdo-mulher, devemos retornar à imagem original que o ego teme: morte, nudez e enforcamento. Será talvez o *telos* dela sua própria imobilidade, sua suspensão gravitacional, seu peso, sua verticalidade, seu estado despido, sua exposição ao ar, sua suspensão (animação suspensa), um sentido de tragédia para ser vivida como realidade psíquica? A imagem escurece, assusta. Quando em contato com ela, o vermelho torna-se pálido; o fingimento torna-se um vestimento espalhafatoso; atuações emocionadas se apresentam como falsas; expressões dramáticas aparecem como meros disfarces. Em face à sua imobilidade rígida, essa imagem que não vai embora, representações extrovertidas podem desacelerar em ritual e ganhar peso corporal. Então, "se tornar mais feminino", "integrar a *anima*", pode mover-se de uma atitude defensiva, a contraparte de uma ideia conceitual, para uma realidade viva do sentimento.

Nosso modelo nos permitiu descobrir um *telos* na defesa do ego onírico. O reconhecimento do propósito na defesa a libera dos valores que ela deveria proteger. Entretanto, para uma defesa ser tão livre, ela deve primeiro ser desmantelada com um olho crítico para a sua estrutura patológica, o seu jeito muito fácil e seus ganhos secundários. Certamente, a defesa, inventada por Freud, merece um tratamento freudiano. Ela necessita redução severa e deve ser considerada como um mecanismo de defesa do ego. Porém, o sonho é mais do que uma defesa do ego; ele é também o propósito da psique. E esse sentido de propósito pode ser descoberto até mesmo na patologia do ego. Pois a patologia do ego está inerentemente em concordância com a individuação da psique.

# 6 Virgindades da imagem*

Desde que ofereci este título para esta conferência tenho tentado relembrar o que pretendia com ele. Qualquer que fosse minha intuição inicial, ela não poderia ter sido óbvia, porque aquilo que nós entendemos, na psicologia imaginal, por imagem não é, de modo algum, virginal; uma imagem nunca é pura, nunca é virginal. Até mesmo a "ideia" de imagem não é clara. Às vezes falamos de imagem como se ela fosse uma coisa e, outras vezes, entendemos por imagem uma maneira de ver ou ouvir.

A imagem é uma complexidade de relações, uma inerência de tensões, justaposições e interconexões. Uma imagem não é apenas significado, nem apenas relações, nem apenas percepção. Ela não é nem mesmo apenas reflexão, porque nunca se pode dizer com certeza que isto é "a coisa" e aquilo é uma reflexão da coisa. Nem podemos dizer que a imagem é *isto* literalmente e *aquilo* metaforicamente. Essas dualidades – coisa *versus* reflexão, literal *versus* metafórico – não são imagens, mas, antes, maneiras de estruturar imagens.

---

* Originalmente apresentado como uma palestra na Conferência Images of the Untouched: Virginity in Psyche, Myth and Community, patrocinada pela Revista *Dragonflies*, Departamento de Psicologia e Center for Civic Leadership da Universidade de Dallas, em fevereiro de 1979.

O imaginal nunca é virginalmente puro, mas sempre ambíguo, duvidoso e ligeiramente indecoroso, uma mistura de escuro e claro, contorno e sombra. Com a imagem, modalidades impõem-se. Significados interpenetram-se. Fantasia e percepção forçam-se entre si; ideia e fato transgridem um o limite do outro. O virginal resiste a essas intrusões, a essas interpenetrações, a essas impurezas. Nesse sentido, podemos dizer que o virginal é aquilo que resiste ao imagístico. E este é meu primeiro tema principal: *resistir à imagem é ser virginal na psique, e ser uma psique virgem é estar fechado para a imagem.*

A resistência é necessária para a integridade virginal do corpo da imagem. A imagem é um corpo – um corpo psíquico que suporta tensão e suporta existir. Ainda que possamos interpretar de modo tolo, alegorizar simplisticamente, reduzir significados a símbolos e sinais, a imagem permanece – nunca se transforma, nunca se rende. Como a inescrutável esfinge virginal[1], a imagem enreda-nos com perguntas, mas não concede respostas.

A resistência tem diferentes formas e o virginal pode resistir de muitas maneiras. A resistência pode tomar a forma do virgem Hipólito, para quem virgindade significa *exclusividade* – o culto exclusivo de uma divindade. Hipólito é dedicado unicamente ao espírito casto e livre de Ártemis. Ele rejeita o afrodídico que o enredaria nas complicações da sensualidade e do envolvimento erótico. Hipólito está interessado na beleza distante – não na sensualidade, um intercurso que conduziria a imagem a mover-se nele e através dele. Ele aprecia caçar

---

1. A esfinge era chamada *parthenos*, "virgem". Cf. ROSCHER, W.H. *Lexikon der Griechischer und Romischen Mythologie*, VII. Hildeshein: Olms, 1965, p. 153-154.

a imagem (capturá-la), mas não os seus abraços. Hipólito não acredita que está numa imagem, mas vê a imagem como uma coisa distante a ser perseguida. Seu espírito andarilho permanece liberto e casto, puro e penetrante no reino distante e livre das florestas. O espírito artemisiano é, de fato, parte da imagem: livre como sua espontaneidade, sua vida secreta, seu apelo à nossa curiosidade. Mas o culto exclusivo dessa liberdade, dessa distância e dessa curiosidade está destinado a falhar; no mito de Hipólito, o destino falha tragicamente.

Bem, o que podemos fazer com esse modelo em termos de imagem? Estamos familiarizados com as imagens que apresentam esse sentido artemisiano livre, elevado: imagens aparentemente desconectadas da civilização e da sociedade, da intimidade, do próximo – aqueles detalhes pequenos e envolventes, os emaranhados da vida cotidiana que experimentamos com a família, a esposa, os filhos, os conhecidos. Para um devoto de Ártemis, a imagem não incorpora nenhum desses emaranhados. Hipólito é apreciativo e reverente, mas, ao mesmo tempo, intocado, não incorporado pelo corpo da imagem.

Quando estamos fascinados por esse aspecto artemisiano, efêmero da imagem, a visão torna-se hipermétrope; as implicações tornam-se de longo alcance como as flechas de Ártemis. Os sentimentos elevam-se impessoalmente para longe do aqui-agora, acima das confusões do imediato, da confusão do trivial, dos detalhes pessoais da vida diária. Aqui está uma narrativa de um sonho de uma americana na Europa, que captura algo desse sentimento:

Eu estava esperando na fila da Biblioteca Central para pegar um livro. Percebia que a linguagem que todos estavam falando era um dialeto que eu não entendia. Assustada, pensava como iria pedir pelos livros que precisava. Uma mulher alta veio até mim e, colocando seu braço ao meu redor, conduziu-me pela fila até a janela para pegar os livros. Então, caminhamos juntas pelas ruas. Era noite. Senti alegremente que seria capaz de terminar minha pesquisa. Tremenda liberdade. Nós caminhamos o que pareceu ser a noite toda, como se fosse num parque de diversão. Luzes ligadas, coisas giradas e estremecidas, a distância, como rodas (montanha russa, rodas gigantes etc.). Então, ela me conduziu a uma cafeteria berrantemente iluminada. O lugar era feio, e as pessoas, miseráveis. Repentinamente ela colocou seu braço ao redor de mim e colocou sua mão dentro de minhas calças. Eu fiquei horrorizada e empurrei-a para longe, violentamente.

O tom da primeira parte deste sonho é artemisiano. A figura de uma mulher alta guia a sonhadora aos livros que ela deseja. A sonhadora sente-se inspirada e livre; seu espírito eleva-se. Luzes de diversão acendem e tremulam – a distância, observe, e não próximo. Então, a cena toda muda e no lugar não tão limpo e bem-iluminado (onde a comida é servida numa luz desagradável) a mulher, que até então tinha sido uma vigorosa guia artemisiana, agora muda, de um modo bastante não artemisiano, grosseiramente físico. O aspecto virginalmente puro da imagem parece ter rodado em torno de si mesmo e se direcionado para baixo, focando, inapropriadamente, abaixo da cintura. A imagem saltou de sua virgindade inspiradora de alto voo, impactando a sonhadora com a consciência de que seu corpo é também parte da situação. O corpo, o sexual, forma parte da imagem – encontrar o livro é também ser encontrada no corpo e ser berrantemente violada.

Ao interpretarmos este sonho, podemos facilmente ser pegos por seu espírito virginal e, então, favorecermos exclusivamente (puramente, virginalmente) um aspecto do sonho – dependendo da inclinação do analista com o aspecto "ascendente", não físico ou com o aspecto grosseiro, "descendente", físico. Mas uma imagem inclui todos esses aspectos, como o sonho mostra. A figura de mulher que inspira o espírito ao mesmo tempo rebaixa a sonhadora para sua natureza inferior através da impureza da sexualidade.

O virginal pode aparecer num outro modelo de trabalho com a imagem. O virginal Narciso reflete infinitamente, puramente, sobre si mesmo. Como a clara piscina dessa reflexão murmura na profundeza, Narciso extasia-se cada vez mais profundamente. O movimento é profundo. A reflexão narcísica é profundamente autorreveladora e autocontida, alquimicamente fechada dentro dos estreitos limites do lago. Mas, apesar dessa profundeza da reflexão vertical, ou talvez por causa dela, o mundo horizontal de Eco é ignorado. No conto, Eco definha, desejando a narcísica reflexão que a exclui. Digamos que Eco é o ecoar do que está "lá fora" – os objetos, as coisas do dia a dia, os outros, o lateral. Narciso ignora essas reverberações das superfícies, das coisas ao redor. Tentando encontrar *insight* e significado dentro de nós mesmos, tornamo-nos surdos ao ambiente.

O trabalho com a imagem parece convidar essa virgindade narcísica. Já que a reflexão e a profundeza são tão vitalmente importantes, a imagem tende a mover-se mais para uma reflexão "vertical" do que para uma reflexão "horizontal". Mas a máxima de López-Pedraza, "ficar com a imagem", não necessita de um olhar fixo hipnótico descendente. Profundeza pode significar, também, uma profundidade interior, uma penetração do imediato, através e dentro das superfícies.

Embora a virgindade narcísica rejeite o horizontal, Narciso, diferentemente de outras virgens, não foge do físico. Em vez disso, escapa para dentro do físico. É o reino físico de sons e de ecos que ele teme. Como som, Eco não pode ser tocada, não pode ser concretizada. A essência de Eco está precisamente nas reverberações, nos hiatos, no espaço intermediário. Enquanto que a imagem pode permanecer virginal se for mantida – narcisisticamente – muito perto, Eco exige distância, amplitude.

Sonhos nos quais somos rejeitados, traídos, abandonados, ou sentimos ciúmes, criam a distância necessária para ecoar o som. Nesses sonhos, o vácuo é criado, o espaço é estabelecido, as fixações são dissolvidas, a sensualidade é irrelevante. O movimento é de ecoar além de si mesmo, além das fixações físicas e fixações para o físico, em direção a um vasto mundo, mais substancial, um mundo mais amplo.

A virgem Cassandra oferece-nos outro modelo do virginal. Enquanto Hipólito rejeita a consciência afrodítica e Narciso rejeita a consciência de Eco, Cassandra resiste ao apolíneo. Apolo, na sua paixão por Cassandra, confere a ela o dom da profecia. Mas, quando Cassandra o recusa, preferindo permanecer virginalmente intocada, Apolo apregoa que ninguém acreditará nela. A virgindade de Cassandra rejeita a consciência apolínea, rejeita a formalidade e a claridade da imagem elaborada, rejeita as ideias que podem ser abstraídas das imagens, as conexões feitas, os pensamentos elaborados, as coisas estruturadas.

Às vezes os sonhos falam muito diretamente sobre a necessidade da forma. Por exemplo, uma analisanda que estava tendo dificuldade de escrever um texto sonhou que estava sentada em seu escritório quando, repentinamente, ouviu um choro. Apertada, num canto, estava uma mulher negra que, soluçando, entregou-lhe um cordão de pérolas africanas. Parecia que a mulher soluçante fez um apelo direto relativo à forma. A maneira como a analisanda estava escrevendo evidentemente machucou a mulher negra, que ofereceu um outro modo mais frouxamente conectado, como pérolas num cordão. A estrutura não precisa ser logicamente dedutiva, mas pode ser, como nesse caso, circular e, ainda, ser formalmente exata.

Em geral, pode-se dizer que as imagens contêm formas particulares e que há um elemento formal dentro da imagem. Mas a virgindade de Cassandra rejeita essa formalidade, de modo que tentativas de revelar a estrutura de um pensamento ou imagem parecem uma violação: um sonho muito precioso para ser anotado, sentimentos muito profundos para serem falados, intuições muito sutis para serem articuladas. Quando estamos nesse humor virginal, a claridade e a exatidão apolíneas parecem ameaçadoras, "apenas acadêmico" ou "apenas uma 'viagem' da cabeça". Cassandra precisa ser mal-interpretada. Suas percepções e intuições estão cheias de *insight*. Na verdade, elas são muito agudas, mas carecem de efeito, o poder da persuasão, ou *peitho*.

Peitho é importante. No *Agamemnon*, de Ésquilo, não é que as palavras de Cassandra não são ouvidas – o coro ouve o que ela está dizendo –, mas suas palavras não têm *efeito*; suas profecias não tocam os personagens principais, nem influenciam o curso da ação. Essa inabilidade para influenciar, para formular efetivamente, é a pureza de Cassandra.

É claro que todos nós temos alguma coisa dessa virgindade – particularmente quando nos tornamos proféticos. Ideias que não têm efeito no aqui e agora são lançadas no futuro. Quando "o que é" carece de persuasão, torna-se "o que será", disfarçado de previsão ou de aviso literal.

Na análise, tendemos a fazer essas declamações proféticas ou prognósticas quando não conseguimos articular o material. Quando uma imagem num sonho falha em transportar um sentido de realidade física, ou quando nossos sentimentos para com os sonhos carecem de *peitho*, tendemos a projetar essa falha como um poder no futuro. A virgindade de Cassandra, por fugir da articulação formal, perde o contato com o poder persuasivo da imagem.

Mencionamos até agora três padrões míticos da virgindade: Hipólito, Narciso e Cassandra. Todos têm em comum uma ausência de corpo em relação à imagem – seja a ausência do corpo físico (como no caso de Hipólito), ou do corpo como mundo (Narciso), ou do corpo da forma e da persuasão (Cassandra). Em cada exemplo, o aspecto do corpo da imagem permanece intocado, de modo que a virgindade da psique é intocada pela imagem.

Em complementação a esses estilos míticos da virgindade, vamos ver alguns estilos estéticos. Apelo então à poesia, uma arte que há muito tem lidado com as sutilezas e os problemas da imagem. Mas a poesia tem, também, um aspecto virginal. Como Robert Penn Warren observa em seu ensaio "Pure and Impure Poetry"[2], se um poema fosse inteiramente puro (em nossos termos, virginal), ele não seria mais um poema; um poema bom ou completo requer impureza.

A ideia de Warren é válida não apenas para a poética da poesia, mas também para a poética da psique, isto é, para a poética dos sonhos. Naturalmente, há diferenças entre poemas e sonhos, mas vamos olhar suas semelhanças poéticas. Considere *A nuvem*, de Shelley:

---

2. WARREN, R.P. "Pure and Impure Poetry". In: ADAMS, H. (org.). *Critical Theory Since Plato*. Nova York: Harcourt Brace Jovanovich, 1971, p. 981-992.

> Eu trago chuvas frescas para as flores sedentas,
> Dos oceanos e dos riachos;
> Eu carrego luz brilhante para as folhas quando deitadas
> Sonhando ao meio-dia.
> Das minhas asas são sacudidos os orvalhos que despertam
> Os doces botões, cada um,
> Quando balançados restam no seio de suas mães,
> Assim ela dança em torno do sol.

Em termos de imagem, essas são linhas completamente insubstanciais. Elas carecem de ironia ou, em termos psicológicos, têm pouca consciência própria ou consciência reflexiva. Poeticamente, elas adquirem alguma tensão através do esquema da forma e da rima, mas essa tensão não é particularmente fértil. O "Eu" que é a nuvem simplesmente vai em frente poderosa e descritivamente, com poucos problemas ou complicações.

Agora deixem-me ler para vocês parte de um sonho que parece comparável. A sonhadora é uma mulher na faixa dos trinta anos:

> Eu cheguei até um prédio e tive dificuldade em continuar porque havia um grande trator com dentes laminados de ferro. O motorista não me viu porque o trator continuava chegando muito perto. Então, comecei a dançar. Enquanto dançava, senti um grande poder e magia, e a máquina foi se afastando.

O sonho fala-nos de uma personalidade egoica dançante, o "Eu" no sonho, tão poderoso em seu charme que ela "dança" para longe o trator – uma máquina de construção que remove o solo e prepara a terra virginal para a construção.

O poder da dança mágica da sonhadora mantém todo esse trabalho potencial do trator encurralado. O sonho revela uma defesa efetiva.

Como você pode imaginar, a sonhadora era uma *femme fatale* – mágica, mediúnica e poderosa – que literalmente venceu as dificuldades da vida através de sedução. Sua dança não conhecia limites. Dormia com quem quer que a ameaçasse. Mas essa dança mágica também a manteve virginal, bloqueando efetivamente o processo de construção, qualquer intromissão de civilização ou cultura.

Tanto o sonho quanto o poema têm um tipo de tensão – o poema, na sua forma, e o sonho, no seu conteúdo: dançarina ameaçada por trator. Mas ambos permanecem imagens virginais porque carecem de um tipo crucial de tensão, que Susanne Langer chamaria de "fecundidade"[3]. A tensão fecunda rompe a superfície do que está acontecendo e cria um momento surpreendente, difícil ou estranho. Então, a virgindade de uma imagem não é deflorada por qualquer tipo de tensão, mas apenas por uma tensão fecunda, uma tensão que faz alguma coisa, revira a terra ou surpreende a nuvem, quebra o usual. Para que uma imagem não permaneça virginal, ela precisa dessa tensão fecunda.

Vamos voltar agora nossa atenção para outro modo do virginal estético: o virginal como idêntico a si mesmo ou como fechado em si mesmo. Como um exemplo dessa virgindade, observem um poema de Walter Savage Landor, intitulado *O discurso de morte de um velho filósofo*:

---

3. Susanne Langer fala do "princípio da fecundidade", pelo qual ela entende que uma ideia deve não apenas ser verdade, mas interessante. Cf. LANGER, S. *Feeling and Form*. Nova York: Scribner's, 1953, p. 8.

> Eu lutei com o nada, por nada foi válida minha luta:
> A Natureza eu amei, e depois da Natureza, a Arte:
> Eu esquentei ambas as mãos antes do fogo da Vida;
> Ela afunda; e estou pronto para partir.

O poema é fechado em si-mesmo, de forma que até mesmo quando a morte se aproxima, não encontramos nada abrupto ou recortado, nenhuma cacofonia. O poema permanece em harmonia com seu sentimento, sereno e relativamente desinteressante. Como uma imagem virginal, o poema é um humor idealizado.

Compare-o com este outro poema de Landor ainda sobre o tema da morte. Este poema também começa virginalmente:

> Suave é o ano da partida, e doce
> O odor do vapor caído;
> A vida passa mais rápida rudemente,
> E desperfumada é seu dia final[4].

Este poema, em contraste com o primeiro, começa a mostrar a complexidade na sua justaposição de "rudemente rápido" e "desperfumado". E continua a descrever o final da vida:

> Eu espero este final de vida, cortejo sua escuridão,
> Mas lamento que nunca deve ali cair
> Ou em meu peito ou em meu túmulo
> A lágrima que teria aliviado tudo.

A virgindade inicial do poema é efetivamente quebrada pela última estrofe. Progressivamente, a simples percepção das primeiras linhas é interpenetrada por emoções mais complexas. Na segunda estrofe, o "Eu" espera seu final, corteja sua depressão e lamenta. Esperar, cortejar e lamentar são três emoções muito distintas, qualquer uma sozinha pode ser meramente virginal. Em continuidade, contudo, o movimento

---

[4]. LANDOR, W.S. "Suave é o ano da partida, e doce".

torna-se progressivamente complexo quando cada sentimento quebra ou abre o próximo.

Essa complexidade não virginal é certamente uma realização psicológica. Não há ambivalência; o poema é muito firme na sua direção. Nem há complexidade pela complexidade. Neste ponto, seria fácil dizer que a complexidade em si é o não virginal e, portanto, nosso objetivo. Mas há vários tipos de complexidade, incluindo a simplesmente associativa ou decorativa. A virgem adornada com joias, vestes, auréolas, bondade e brilho pode *parecer* "complexa", mas não é necessariamente transformativa. Uma imagem barroca ornada não é necessariamente mais interessante do que, digamos, uma clássica, simples, com base apenas no fato de que uma imagem é complexa e a outra não. De modo semelhante, as associações psicológicas, as amplificações esotéricas e os símbolos não transformam por si só a virgindade, mas podem meramente adorná-la ou cobri-la ainda mais. Não devemos confundir a fecundidade da imagem com as complicações que têm sido adicionadas a ela.

De fato, o não virginal pode ser bem simples – como a poesia imagística ou o *haiku* são simples. O simples pode, também, ser o essencial. O "carrinho de mão vermelho envidraçado molhado" de William Carlos Williams[5] é breve, mas sua brevidade cristaliza. As condensações refinadas que encontramos na poesia imagística e na mais bela caligrafia são realizações da essência, momentos altamente refinados. O simples não é sempre o simplista ou subjetivo, como os críticos do imagismo sustentam[6].

---

5. WILLIAMS, W.C. "O carrinho de mão vermelho".

6. Como um exemplo da crítica que confunde o simples com o simplista, cf. WHEELWRIGHT, P. *Metaphor and Reality*. Bloomington/Londres: Indiana University Press, 1968, p. 159ss.

Quando virginal, a imagem sustenta alguma coisa "mais-do-que" o simples ou inocente: ela contém alguma coisa divina. Não apenas a Virgem Maria, mas também a maioria das deusas pagãs carregam o epíteto *parthenos*, ou "virgem"[7]. Atena, Ártemis, Perséfone, Héstia – mas também Hera e Afrodite – são chamadas *Parthenos*. Hera, a esposa, e Afrodite, a amante, têm qualidades virginais. Como essas figuras divinas incluem psicologicamente mais do que a mera biologia, então também a virgindade refere-se a um estado psíquico.

Para os gregos, toda criança nascida de uma mãe solteira era considerada virginal[8]. O epíteto *parthenos* era aplicado para os filhos de concubinas ou prostitutas – mesmo a qualquer criança cujo "pai" não era o homem na sala da visitas. Em outras palavras, o pai da virgem é o pai ausente, desconhecido, ou "pai" espiritual[9].

O pai de uma imagem virginal não pode ser conhecido. Nossas insignificantes indagações sobre a "história" de um poema, nossas pesquisas sobre as influências ou a biografia do autor, nossas tentativas de determinar as causas culturais e os traumas pessoais, para detalhar as "necessidades afetivas" que um poema satisfaz – todas erram o alvo[10]. E a psicologia que deveria, talvez, conhecer melhor o estado vir-

---

7. Cf. Roscher para uma lista daquelas divindades que carregam o epíteto *parthenos*. Cf. tb. ROBERTSON, J.M. *Christianity and Mythology*. 2. ed. Londres: Watts & Co., 1990, p. 293. A lista de Robertson inclui Afrodite, Hera, Deméter, Cibele, Leto e Ísis.

8. Cf. "*Parthenios*". In: LIDDELL & SCOTT. *A Greek-English Lexicon*.

9. Cf. LAYARD, J. *The Virgin Archetype* (Spring Publications, 1977), particularmente p. 288ss. sobre a conexão entre virgem e espírito.

10. Sobre este aspecto, cf. particularmente os ensaios de Hippolyte Taine, Sigmund Freud e I.A. Richards em *Critical Theory Since Plato*.

ginal da psique é, com relação a ele, frequentemente a mais ignorante, insensível, positivista e causalista.

Quando trabalhamos com sonhos, às vezes depreciamos uma simples cena ou declaração, chamando-as de um fragmento de sonho. Esses "fragmentos" muitas vezes perturbam o sonhador, como se ali *devesse* existir mais, como se nossas psiques devessem ser interessantemente complexas e ocupadas com símbolos fascinantes. Esses julgamentos analíticos são comparáveis, em termos literários, ao julgamento de um estilo em termos de outro – para a visão de um poema imagístico, falamos a partir da perspectiva de uma narrativa dostoievsquiana divagante; ou, em nossos termos, para a visão do sonho, um produto do Hades, falamos a partir da perspectiva de uma vida sempre fluida.

O imagismo em sonhos pode aparecer como o depressivo. Em tais momentos, a psique aparece apertada, coagulada, trancada, sem movimento. O imagismo psíquico pode, então, ser a cura poética para vida demais, ao retornar-nos ao que é firme, essencial e estruturado. Sonhos de morte, morrer, desertos, sonhos de destruição ou de sermos destruídos, aprisionados, bloqueados, parados ou ressecados expressam a importância desse processo psíquico. Aqui, novamente, o simples, o imagisticamente parco não é, de modo algum, o virginal.

Na verdade, o virginal pode aparecer de forma contrária. A virgindade pode ser fluida, flertante, loquaz, borbulhante e inútil; pode ser flamejante, rápida e fantástica. Há sonhos em que muito parece acontecer e, contudo, pouco ocorre, apesar da aparente imagem transformativa, como no seguinte: "um falcão com uma máscara de Mickey Mouse mergulhou até mim... transformou-se em chamas que, então, tornaram-se azuis e verdes e, então, com movimentos de garras como mãos, subiu num poste telefônico".

Sonhos fantásticos parecem estar trabalhando para virar a percepção natural em uma percepção mais complicada por meio do não natural ou surrealista. É como se a percepção estivesse trabalhando em si mesma numa tentativa de fazer uma diferença psicológica. Mas, se essa diferença é *apenas* fantástica, a psique é ainda virginal, como se fascinada com sua própria frivolidade.

As seguintes linhas mostram o fantástico combinado com o subjetivismo:

> Eu sou a causa, sou um armazenamento de brinquedos químicos, meu corpo
> é um dispositivo mortal,
> Eu toco além no amor, minhas mãos são armas,
> minhas boas intenções são completamente letais[11].

Aqui, o letal foi exagerado ao fantástico e infundido com subjetividade. O poeta identificou-se com o letal como se o mundo da guerra fosse algo com sentimento subjetivo.

Aqui, o aviso de T.S. Eliot a respeito do pessoal é importante. "Poesia não é um liberar da emoção, mas um escape da emoção; não é a expressão da personalidade, mas um escape da personalidade"[12]. O poema deve ser despersonalizado ou, no mínimo, deve ser mais distante e complexo do que os sentimentos subjetivos pessoais.

O virginal, como temos visto, é uma qualidade fantástica, pessoal ou simplística da mente. Estética, bem como psicologicamente, o virginal é uma inocência, uma ingenuidade a ser penetrada psicologicamente e trabalhada artisticamente. Mas

---

11. Do poema de Margaret Atwood: "É perigoso ler jornais".

12. ELIOT, T.S. "Tradition and the individual talent".

também insinuamos que o virginal é parte da imagem. Eu adicionaria agora que *o virginal não é apenas parte da imagem, mas é mesmo crucial a ela*. Temos imaginado o virginal como resistência, um aspecto da psique que não deseja se submeter. Mas, enquanto resiste à intrusão, o virginal também dá sua forma; isto é, a pureza da imagem dá a forma da imagem. A maneira pela qual um poema é puro – fantástica, simplista ou subjetivamente – requer movimento artístico particular, tipos particulares de impureza para o poema ser coerente.

Para uma aplicação desses movimentos aos sonhos, podemos lembrar do exemplo da dançarina e do trator. No nível da narrativa, podemos dizer que a dançarina dirigiu o trator para longe. Imagisticamente (ou do ponto de vista da imagem), contudo, podemos também dizer que a dançarina é a oportunidade para o trator vir. Ambos acontecem juntos. A sedutora e o trator formam ambos parte do local de construção. A dançarina é também uma condição *para a* construção.

Uma tensão fecunda é requerida. A psique necessita de tensão para criar a intensidade com a qual trabalhar. E a pureza da resistência virginal é crucial para essa intensidade.

O virginal é "contido" porque o virginal tem, de fato, alguma coisa para proteger: uma dedicação ao impessoal e seus valores. Como o aspecto virginal em um poema protege o poema, então, em um sonho, ele protege o sonho. O ícone do virginal na parede, a imagem da virgem como símbolo, é o testamento da virgindade eterna da imagem, sua natureza pura e inviolada. A virgem descreve não apenas a imagem da virgindade, mas a virgindade da imagem intacta em si mesma.

A virgem de pai desconhecido, como a mãe virgem, é, em si mesma, generativa. Esta partenogênese é a generatividade da imaginação. Além disso – e eu não gostaria de terminar sem um final enigmático – a virgem é virginal apenas enquanto existe alguma coisa que é também não virginal: a culpa beata. Imagisticamente, pureza e impureza andam de mãos dadas. É a impureza de uma imagem ou de um poema que protege sua pureza. O poema de Eliot, *The Waste Land* [A terra devastada], termina com *"Shantih, Shantih, Shantih"* – um sentimento de paz pura, porém obtida com dificuldade. Essas linhas finais de *Shantih* ressoam com tal beleza, integridade, e virgindade por causa da extraordinária impureza do poema que as precedeu: "o monte de imagens quebradas", as "tetas enrugadas", o rato "arrastando na margem seu ventre viscoso" – uma abundante riqueza da complexa, sofisticada impureza que nos prepara para uma paz de integridade. Essa não é a paz simplista da virgem – cândida, inocente, incólume –, mas a paz de uma realização imaginal. Alquimicamente, essa não é a virgem como *prima materia* (o inconsciente leitoso), mas a virgem como uma cura de algo trabalhado.

William Butler Yeats, aos 72 anos, escreveu em um de seus últimos poemas:

> Aquelas imperiosas imagens porque completas
> Crescem em mente pura, mas de onde surgiram?
> Uma montanha de lixo ou as sobras de uma rua,
> Velhas chaleiras, velhas garrafas e uma lata quebrada,
> Ferro velho, ossos velhos, trapos velhos, aquela dona desvairada
> Que mantém a registradora. Agora que minha escada se foi,
> Devo dormir onde todas as escadas começam,
> Na imunda barraca de camelô do coração[13].

---

13. De "The Circus Animal's Desertion".

A pureza de que Yeats fala pareceria a realização virginal da imagem. A montanha de lixo, a dona desvairada, a imunda barraca de camelô do coração são as impurezas que dão integridade à virgindade da imagem.

7 A paixão de Eco*

Muito pouco foi escrito sobre a figura de Eco, e aqueles que o fizeram tendem a encará-la de uma maneira negativa. Esses comentários podem ser agrupados em temas: (1) Eco tem uma paixão frustrada. Ela ama um objeto inatingível (Narciso). Essa é uma paixão impossível, já que Narciso não pode amá-la, e a rejeita continuamente. Eco, sob este ponto de vista, é um tipo de masoquista. (2) Falta a Eco uma identidade; uma vez que ela só pode repetir o que outros disseram, ela não tem uma identidade própria. Ela (3) apenas reage, (4) meramente imitativa, (5) nunca origina.

E essa identidade que falta a Eco? A ideia de "identidade" está muito em moda atualmente na psicologia. "Seja você mesmo", dizemos, como se pudéssemos adentrar naquilo que chamamos "si mesmo", como se tudo o mais que estamos fazendo não fosse este "si mesmo", mas alguma outra coisa. Autoidentidade implica uma entidade distinta do meio e das

---

* Originalmente apresentado como uma palestra na Conferência Echo's Subtle Body: Poem, Myth and Soul, patrocinada pela Twin Cities C.G. Jung Association, em setembro de 1979. O artigo foi posteriormente apresentado com o título "Eco e a beleza" na conferência da revista *Dragonflies* de outubro de 1979, "Beauty in Psyche, Myth and Community", na Universidade de Dallas, e também apareceu com este título na revista *Spring*, 1980.

pessoas que a cercam. Implica igualdade essencial, unicidade e unidade interna da personalidade.

Os comentadores estão certos. Eco não é uma entidade em si mesma; nem separa-se do meio que a circunda. (Ela necessita do que a circunda para poder falar.) Eco, psiquiatricamente, tem na verdade um sentido de identidade muito pobre. Além disso, seus limites são tão frouxos que, mais cedo ou mais tarde, ela tem se envolvido com tudo – literalmente, tudo. Ela chama este tudo de "Pan". Eco foi amante de Pan, cujo nome significa "tudo", "todo". Contudo, para sermos mais precisos imagisticamente, Pan é um tipo determinado de tudo. (Mesmo tudo, o todo, aparece como uma imagem específica.) Pan é um tudo caprino, cabeludo, sensual. Poderíamos dizer que Pan é aquela força animal do desejo que pretende ser tudo, que se apresenta como se fosse tudo. Quando o desejo de Pan é constelado, parece ser tudo – como se isso fosse tudo o que é importante. (A propósito, isso nos dirige, facilmente, ao Pân-ico. Quando uma coisa é todo importância, ela está também no limite do pânico.)

Pan deseja Eco. Pode-se dizer que tudo que é desejoso – este tudo que deseja – deseja ressonância. No desejo, na paixão de Pan, está a paixão por Eco.

Mas Eco não sente da mesma forma. Na história, ela foge de Pan. Eco rejeita a exigência de que tudo seja ecoado. Embora eu tenha acabado de dizer que Eco está envolvida com tudo, parte desse envolvimento é também resistência, escapar de responder a tudo e a todos.

O que exatamente Eco deseja? Se "tudo" não a atrai, o que então? Ela deseja uma única coisa, um rapaz ensimesmado – Narciso. Poderíamos dizer que Eco deseja o singular, o narcisisticamente autocontido, aquele que está enclausurado em sua própria imagem. Ela só pode ecoar aquilo que é uma imagem; não toda e qualquer coisa, mas aquilo que é particular dentro de si mesmo.

No trabalho psicológico pode-se perceber como todas as coisas querem Eco e, mesmo assim, a própria Eco parece não querer isto; o quanto Eco quer o particular, e não o genérico; e o quanto Eco pode querer ecoar isto-mas-não-aquilo. Você não pode ser psicológico todo o tempo! (Sê-lo seria como raptar Eco.)

É como se tivéssemos que ser não psicológicos a maior parte do tempo para podermos ser psicológicos em alguns momentos; como se tivéssemos que ser ingênuos, diretos, instintivos no nível de Pan para podermos servir Eco naqueles lugares específicos (naqueles momentos específicos) nos quais ela realmente ecoa.

Eco é uma raridade – ela não está com Pan no seu mundo natural. Ela não se liga a ele. Desse modo, ela não é natural, é contranatural.

Certamente há muito mais Eco (ressonância) em eventos "não naturais" – em sintomas, por exemplo, ou perversões – do que naquilo que funciona normalmente. (Os analistas adoram as coisas não naturais porque é quando podemos começar a escutar. Quando as coisas se tornam estranhas, extraordinárias, desunidas, você pode começar a escutá-las.) Então, Eco não transa com Pan porque isso seria muito natural. Ela tem mais o que fazer – como ludibriar Juno. Deixe-me citar um trecho das ***Metamorfoses***, de Ovídio, sobre esta fraude:

> [...] muitas vezes, quando Juno poderia surpreender as ninfas em companhia de seu marido nas encostas, Eco prendia habilidosamente a deusa em longas conversas até que as ninfas escapas-

sem. Quando Saturnia percebeu-se disso, ela disse: "Esta tua língua, que me ludibriou, deverá ter seu poder reduzido e gozar apenas do mais breve uso da fala".

Então Hera amaldiçoa Eco. Mas, quem é Hera?

Hera é uma rainha, uma regente, um estilo de consciência que dita regras e, tal qual seu marido Zeus, está preocupada com o aspecto mais amplo das coisas. Sua inclinação é pelo fato, pela forma, pela ordem e, portanto, ela é uma grande literalizadora. Para Hera, o que acontece deve realmente acontecer como "fato" dentro da ordem social das coisas (o baile de debutantes, o ***bar-mitzvah***, a festa de noivado). Hera serve o estabelecido, serve para estabelecer as coisas. A beleza no reino de Hera é aquilo que aparece no mundo social, o que realmente aparece "lá fora." A beleza de Hera no mundo é, portanto, completamente diferente da de Eco, que tem um sentido mais delicado, indireto, insubstancial.

A estética de Eco ocorre nos espaços vazios, nas cavernas. Esse vazio – o vazio num evento, aquilo que falta numa manifestação – é que dá forma a Eco. Esse ecoar do vazio, claro, ameaça Hera, pois, ao mostrar que é oca, trapaceia sua realidade mais definida, mais estabelecida. Considere as ideias de Hera sobre o casamento. Para Hera, o casamento é eu-para-você e você-para-mim, tudo embrulhado, sólido, sem lacunas. Eco busca os buracos, os vazios dentro dos quais existem reais possibilidades de eco.

Enquanto Eco conversa com Hera na passagem de Ovídio, a fertilidade do amor livre acontece ao fundo (Zeus fazendo amor com as ninfas). As palavras de Eco encobrem, escondem coisas da atenção de Hera, tornando possível atividades por baixo da ordem do manifesto e do esperado. Portanto, palavras, as palavras de Eco, tornam possível, ao mesmo tempo, uma certa fertilidade encoberta.

Isto nos leva às palavras. Para Hera, as palavras são fatos. "Muito bem, fizeste ou não fizeste?" E se uma palavra não é um fato, é só falatório. Hera é um tipo de nominalista no que toca a linguagem. As palavras ou são vazias ou se referem a fatos. Para Eco (para ecoá-las novamente) palavras não são somente palavras, nem somente fatos, mas são férteis, sedutoras, procriadoras. Dentro das palavras, atrás das palavras, Zeus está sempre fazendo amor com as ninfas. Enquanto se conversa, coisas férteis, criativas e ressonantes também acontecem ao fundo.

Vimos anteriormente que Eco não origina nada (dissemos que ela não tem identidade). Contudo, como vemos aqui, ela tem um importante papel ao tornar possível a origem das coisas. Enquanto Eco fala, Hera está distraída. Enquanto Hera está distraída, Zeus gera, concebendo novas formas e possibilidades. Realmente, ele dá vida à maioria dos deuses e deusas nessa maneira anti-Hera. (A maior parte das divindades é bastarda de Zeus.) Embora Zeus e Hera formem o verdadeiro arquétipo do casamento, muitos dos frutos desta união ocorrem nos buracos abaixo (ou à parte) da sua intenção de casal, não necessariamente à parte do casamento, mas à parte da intenção consciente deste.

Agora temos que dar mais crédito a Hera. Ela também é uma divindade, então até sua inabilidade de compreender o que está acontecendo é importante. Talvez seja importante que o estabelecido ***não*** compreenda o informe e o não estabelecido. Dessa maneira, a tensão se mantém – a tensão entre forma, continuidade, o manifesto, o passado, a tradição de um lado, e o depravado, o arrogante, o bastardo, o novo de outro. Essa tensão é o que dá ao novo seu sentido de algo estranho (e original), e também requer que o novo chegue formalmente a um acordo, mais cedo ou mais tarde, de um jeito ou de outro.

É claro, uma maneira de chegar-se ao acordo com Hera é negativamente, sendo amaldiçoado. Sem forma, sem a maldição da forma, Eco é apenas tagarelice. (Eco apenas bate-papo com Hera.) Esse estágio de Eco é como contar uma história enfadonha – uma série de detalhes inexpressivos e amorfos nos quais nada se sobressai, nada desaparece. Não há mudanças no tom de voz, de tal forma que tudo adquire a mesma importância.

Como sabemos, esse tipo de conversa entorpece nosso sentido de forma e, na história, Hera esquece o que ia fazer, esquece de observar. Esse esquecimento é (de uma maneira meio perversa) erótico, sedutor – permite que Zeus e as ninfas divirtam-se nos buracos entrelaçados abaixo da história. Então, histórias aborrecidas são realmente muito importantes. É a forma de Hera relaxar sua atenção. Através da fofoca, das trivialidades dos encontros para o carteado, desse tipo de conversa, a atenção de Hera relaxa e alguma coisa pode acontecer mais abaixo.

Andy Warhol consegue captar em seus filmes esse nível de consciência erótica, sem sentido, tagarela. Os personagens de Warhol (que se rebelam todos contra Hera) falam continuamente e, ao mesmo tempo, seduzem. Literalmente, enquanto fazem amor também falam sem parar.

Então temos Eco em seu estágio pré-formado, verborrágico. Quando Hera, contudo, percebe o que está acontecendo, amaldiçoa Eco não somente com a forma, mas também com uma dose dupla de aderência formal. Eco agora precisa formar da maneira mais precisa possível, através da repetição real ou da repetição do real.

Uma palavra sobre repetição. Repetição parece um assunto por demais importante. A psiquiatria fala da compulsão à ecolalia, da tendência na neurose em repetir constantemente os mesmos padrões. Jung vê a repetição verbal (em seu experimento de associação de palavras) como um indicador de um complexo. E, mesmo no comportamento cotidiano, nós todos repetimos. Contamos sempre as mesmas histórias. Todos temos certas frases as quais não conseguimos deixar de falar. E essas repetições são por demais constrangedoras, pois mostram nossa falta de originalidade. Ninguém quer ser uma Eco; como é então que não tomamos mais cuidado em não repetir? Será que não há algum investimento profundo em nossas repetições – algum amor por elas? Haverá uma beleza lá? "De-*corar*" – repetição passa pelo coração, vem do coração; está profundamente localizada.

Alquimicamente, pode-se falar dessa lealdade à repetição como *iteratio*, a necessidade de repetir a mesma operação. Uma andorinha não faz verão, diz o alquimista; um poema não faz o poeta, dizem os poetas. Precisamos fazer novamente; somos levados a repetir.

Essa repetição pode ser o esforço de Eco pela continuidade, seu tipo de continuidade. (O que é contínuo? Aquilo que volta.) A duração de Hera, que falta em Eco, retorna com as repetições de Eco, de maneira que Eco não mais meramente esvoaça, flerta, mas re-organiza as mesmas palavras através da repetição.

Repetição é também uma tentativa de tornar alguma coisa reconhecida. Se dizemos alguma coisa muito frequentemente, ela se torna mais essencial e característica; começamos a acreditar naquilo que repetimos. No mundo das trevas a repetição também expressa essência – a essência de um caráter (Tântalo, Ixião, Sísifo...).

Se parece haver beleza na repetição, parte dela está, acredito, ligada a Narciso. Repetimos aquilo que reflete sua própria beleza. Narciso almeja profundamente (ou almeja aprofundar) a beleza dessa autorreflexão. Seu anseio mergulha para dentro do lago, em direção ao seu reflexo no fundo.

Aquilo que amamos, que buscamos, diz algo sobre nós mesmos. Até nossos maneirismos, nossas gracinhas, nossas esquisitices verbais ou comportamentais estão falando. "Entende o que quero dizer?" – repito como se fosse crucial entender, repito para entender de mim. Repetições são anseios por Narciso, pela autorreflexão.

Tenho um amigo que usa uma expressão muito particular. Ele fala de "cortejar" uma ideia para poder enxergá-la em todos os seus aspectos. "Cortejar", ele vive repetindo, como se essa metáfora sensual e galanteadora fosse de algum modo crucial para aquilo que ele busca... como se fosse crucial que sua racionalidade também se tornasse provocante, delicada e galanteadora como um amante. Acho que essa "corte" autorreflexiva é Narciso no seu trabalho, atraindo-o a ele, tentando trazer a ele um nível mais profundo de beleza e sensualidade.

De uma maneira geral, o que quero dizer é que repetições são estranhamente duradouras e que, apesar de parecerem superficiais, ainda assim apontam na direção de uma necessidade mais profunda. Eco anseia pela beleza dessa profundidade autorreflexiva.

As palavras contêm um jogo entre Eco e Narciso. As palavras circulam entre eles estética e autorreflexivamente. Através de aliteração, rima, padrões vocálicos e consonantais, compasso, as palavras são esteticamente autogeradoras. Se assim não fossem – se as palavras fossem, ao contrário, saudáveis, relacionadas e orientadas ao objeto, comunicando direta e claramente de mim para você – elas seriam meramente palavras de Hera, ou signos (televisionês, Seleções do ***Reader's Digest***, fala acadêmica). Não seriam palavras de um anseio estético.

Além disso, há um certo valor erótico em não enfatizar a natureza literal das palavras. Eco é uma ninfa enamorada, e, quando se está enamorado, o valor direto das palavras significa muito pouco. Eu te amo, ou não te amo, ou eu não quero me envolver, significam menos que o tom de voz, o olhar, os gestos. O eco do que se quer dizer não é literalmente aquilo que se diz, mas poderia, na nuança ou na situação, ser tudo ou qualquer coisa (como Pan), dependendo das coisas ao redor, da forma da frase, da estrofe, da situação. Esse modelar das palavras no seu eco é mostrado na história. Narciso, procurando por seus companheiros, grita: "Há alguém aqui?" "Aqui!", responde Eco. Embora ela tenha ecoado as próprias palavras de Narciso, seu significado literal foi transformado por seu eco.

Mais tarde, quando ela tenta se aproximar de Narciso, este grita: "Não me toque! Não me abrace! Prefiro morrer, mas não te dou poder sobre mim!"

"Te dou poder sobre mim", ecoa Eco. De maneira que o eco não é somente eco de alguma coisa, mas também um tipo de resposta que completa a palavra para ela mesma.

Parece-me que esse aprofundamento do eco, ou o eco que completa a palavra para ela mesma, é grande parte do que uma compreensão estética, e certamente psicológica, significam. Em psicoterapia é importante notar o que ecoa e de que maneira. Algumas coisas ecoam o vazio (com uma peça de Pinter), outras ecoam demais (como um poema fortemente simbólico), outras ecoam aborrecidas e depois grandiosas (como um melodrama), e ainda outras não ecoam absolutamente nada – como o jargão, ou melhor, interpretações. ("Tenho uma função sentimento inferior, um complexo materno, um Complexo de Édipo." E daí?) Jargão e explicações, porque são amplamente comunicativos e aceitáveis (uma linguagem de Hera), carregam pouco de Eco.

Eco é realmente mais específica e articulada como os cantos e fendas de uma caverna, as ondulações de um vale, os recortes precisos onde a pedra emerge e retrocede. Esses detalhes, essas precisões, referem-se a Eco.

A história apresenta-nos alguns desses detalhes imagéticos. Por exemplo, quando Eco vê Narciso, ela está "inflamada de amor" (***flamma propiore calescit***). Ela não "cai" de amores, como se diz (talvez hoje em dia, certamente vinte anos atrás). Nem está a imagem "ligada", como diríamos hoje, como se nosso amor fosse um tipo de dispositivo mecânico. Não, Eco estava inflamada. A imagem está pegando fogo. Ovídio diz:

> Quando Eco viu Narciso vagando pelos campos, ela se inflamou de amor e furtivamente o seguiu; como o inflamável enxofre, besuntado no topo das tochas, pega fogo de uma outra chama que dele se aproxime. Ah, quanto ela anseia aproximar-se dele com palavras sedutoras e fazer-lhe suaves súplicas!

A paixão de Eco é um enxofre quente e vivaz que a proximidade inflama. A atração funciona através de semelhança, de maneira que quanto mais perto chegamos do semelhante, mais vivaz e quente é o fogo. Semelhante inflama, ascende, incendeia semelhante. Portanto, essa é uma atração que se baseia, não em opostos, mas em similares. Embora Narciso resista, há uma semelhança essencial; Eco e Narciso (sujeito e objeto, amante e amado, perseguidor e perseguido) são de uma mesma natureza essencial.

Em que implica esta semelhança? No reino de Eco e Narciso, toda ocorrência é também uma recorrência, toda ação uma reação. Falando mais pessoalmente, isso implica que aquilo que ecoamos é muito parecido conosco mesmos, e aquilo dentro de nosso ecoar *é* um tipo de si-mesmo.

Tomemos como exemplo a imitação. Devido a nossas noções de identidade e separação, tendemos a encarar a imitação como algo inferior. Quando um estudante imita seu professor, ou um analisando seu analista – em Zurique você é capaz de dizer com quem uma pessoa faz análise só por seus maneirismos e expressões – talvez essa imitação não seja apenas falta de identidade e originalidade. Psicologicamente, talvez esse imitar seja uma maneira de inflamar, de provocar calor.

Quando Eco imita Narciso (como sujeito imita objeto, amante aquele que ama, perseguidor aquele a quem persegue), um calor é criado através dessa proximidade crescente. A situação psíquica torna-se mais compacta, mais reflexiva, e os contrastes, mais sutis e reveladores. Então, a imitação é um modo de criar e dar forma ao calor psíquico. Dessa maneira, a psique é uma artista – uma modeladora, uma formadora, uma criadora de beleza dentro de si mesma.

Porém, a conformação do que está ao redor é também importante para a formação desse calor. Enquanto Eco dá forma, ela também é formada pelo que a cerca. Isso é contrário a Narciso. Narciso recusa Eco e, portanto, aquele contorno de mundo do qual Eco depende para ecoar, para poder ser.

Como todos nós, Narciso gostaria de manter as coisas simples. E é muito mais simples pensar em si mesmo, identidade e subjetividade como separados de um mundo de ecos – nossa forma e nossas experiências como diferentes da forma do que nos cerca.

Narciso, cabe lembrar, é autocentrato e um. Se alguém tem "identidade", este é Narciso. Há algum tempo dei uma chacoalhada na psicologia por focar-se tanto em identidade. De fato, a psicologia hoje está obcecada com narcisismo. (Toda conferência a que se vai, todo artigo que cai em suas mãos tem algo a ver com isso.) Os dois, narcisismo e identidade, não são tão diferentes. Identidade é apenas uma palavra mais bonita. Identidade, estabilidade, persistência, subjetividade – toda essa conversa sobre identidade tem um subtexto narcisista. "Como você se sente," pergunta o amável terapeuta. "Bem, sinto – ahn, raiva", diz o paciente, estabelecendo assim sua identidade, sua autorreflexão, e força narcísica.

O Narciso superficial tem a ver com essas autoafirmações, afirmações que se separam do mundo de Eco. "Sinto-me muito melhor com relação a mim mesmo". Narcisismo tamborila através da atenção terapêutica. Talvez precisemos disso, e isso é arquetípico; mas é apenas parte de um arquétipo. O resto relaciona-se com Eco e sua busca, não apenas Narciso e a dele. Talvez a razão de termos nos concentrado em Narciso à exclusão de Eco é que a paixão de Eco é muito mais difícil.

A paixão de Eco é dolorosa; seu anseio é irrealizável. A paixão de Eco requer uma distância, um espaço entre ela e seu amado. Para sermos fiéis a Eco, devemos cultivar essa distância que agoniza e ainda assim é nossa paixão estética. Em outras palavras, para desenvolvermos o eco em nosso narcisismo, devemos atingir uma certa distância dolorosa na qual, e através da qual, esse eco pode ressoar.

O que é este sentido de distância? Talvez seja o que Bachelard chama de "função da irrealidade", Ong de "ressonância interior," Eliot de escapar da personalidade, e Hopkins da "ausência de si-mesmo".

É óbvio que o que procuramos aqui é lugar-comum na poesia pós-romântica. Assim também na poética da psique – parece que para *qualquer* evento que dependa de Eco, o cultivo da distância imaginativa é essencial.

Voltemos ao exemplo do "como me sinto". Uma maneira de se distanciar desse sentimento seria especificando *quem* ou o *que* sente raiva. Ao localizar o sentimento, ganha-se um tipo de precisão dentro de um contexto e imagem específicos. A imaginação psíquica (bem como a poética) caminha por diferenciação.

Ao perguntar quem, o quê (a ênfase de Corbin), ao precisar a forma na imagem, cria-se a distância entre as figuras psíquicas e quebra-se a "identidade egoica", aquele "eu" todo devorador. Dentro desses espaços que delimitam diferenças específicas, o eco pode começar a soar (de modo que a distância, através de Eco, torna-se também um tipo de proximidade).

Evidentemente, há muitas outras maneiras de criar essa distante proximidade em terapia, e bons terapeutas podem fazê-lo, penso, instintivamente. Ao menos, naqueles raros momentos em que se *é* um bom terapeuta, está-se em contato com esse sentido de Eco. O ponto aqui não é a distância entre analista e analisando, mas a distância intrapsíquica, distância *dentro* da psique. Não é que o analista deva manter distância evitando o contato social com o analisando, retendo dados pessoais de si mesmo, mantendo seus sentimentos à parte, e assim por diante. Ao invés, é a busca e o sofrimento de Eco que precisa, no trabalho de análise, ser preservado. Esse cultivo sensível do sofrimento é uma arte que tem mais a ver com os tons e humores que ecoam dentro da psique do que com regras grandiosas ou prescrições analíticas.

Rafael López-Pedraza, esse sábio tão citado, incômodo e malandro (que se não existisse teríamos que inventá-lo), sabia lidar com pessoas que ele chamava de "muito malformadas". Ele costumava tirar tais pessoas dos hospitais onde estiveram a maior parte de suas vidas e as ensinava a viver sozinhas e cuidar de suas próprias casas. Ele as instruía a fazer compras, a lavar louça, passar roupa... O truque estava em que para ele essas atividades cotidianas eram plenas de eco. Se alguém estava passando roupa, ele diria: "Aha, passando roupa? passando roupa, hum-uh, passando roupa!" Eco estava lá na palavra, na atividade. Ele não interpretava – "passar roupa para você é como achatar sua própria mãe", ou "você passa roupa porque nunca lhe permitiram fazê-lo quando criança". Mais que isso, ele preservava o eco da palavra, e portanto na atividade.

Essa distância ecoante cria um espaço para a beleza. E a beleza de Eco implica não apenas o calor há pouco mencionado, mas também sofrimento, aflição e tristeza. A beleza de Eco é igualmente um sofrimento e uma certa passividade. Ou seja, é um sofrimento por algo que está além dos nossos limites de autoidentificação ou ego. Relaciona-se com o latim **passio**, e com o grego **pathos**. Essa paixão é como um gosto ou um toque dos mais pungentes, pois não é real. Ou paixão das mais preciosas pela dor de sua não consumação. Nada no mito de Eco e Narciso é satisfeito – não há final feliz – pelo menos não no senso comum. O foco do mito está na paixão não satisfeita (de Eco por Narciso e de Narciso por sua reflexão).

É incrível notar com que frequência, na vida ou nos sonhos, a não realização é importante. Quero dizer que nosso anseio natural é que as coisas se consumam e se tornem fatos – reais; que, de fato, terminemos ficando com a pessoa que desejamos, que as mais fortes atrações atinjam uma conclusão física e factual. E, no entanto, quantas vezes, na vida e nos sonhos, isso acaba por não ser importante. Estou pensando naqueles sonhos nos quais somos repelidos ou rejeitados, como se, considerando o sonho seriamente, não fosse a consumação o que está importando para psique.

Lembro-me de um paciente em análise que tinha sonhos e mais sonhos sobre uma mulher flertando-o e seduzindo-o – acariciando seu rosto, deixando-o tocar seus seios, tocando seu pênis. Mas em todos, quando tentava no sonho dirigir-se ao ato do amor em si, essas figuras o rejeitavam. É como se o curso natural não fosse o caminho, e consumação não fosse o caso, mas sim que cada uma dessas atrações discretas – os seios, o rosto, o desejo – era importante.

Quando esse motivo de amor não realizado e não correspondido é constelado deveríamos talvez pensar menos na consumação desejada e mais no que está realmente ali, o que está realmente enfatizado no sonho: seios, rosto, toque – diferentes detalhes sensuais. No conto de Eco e Narciso não há consumação em nenhum sentido. Mas há um tipo de autoconsumação na morte, uma consumação do complexo em si mesmo.

Vamos dar uma olhada agora na morte de Eco. De acordo com Ovídio, o amor de Eco alimenta-se do fato de que ela é rejeitada. Seu amor "cresce de desgosto". Ele se torna maior por causa do desgosto. E nesse desgosto de amor, seu corpo vai definhando até que "ela se torna esquelética e enrugada e toda a umidade desaparece em seu corpo. Apenas restam sua voz e seus ossos: depois, somente a voz; pois dizem que seus ossos foram transformados em pedra".

O corpo de Eco desfalece, um corpo de ar. De uma maneira curiosa, secar de desgosto resultou num outro tipo de substanciação. Uma vez que Eco perde-se no ar, ela está *no* ar. Agora não é mais a fisicalidade concreta (o real de Hera) que é real, mas o ar que é real (e estruturado), real com o poder de ecoar. Eco naquilo que é ouvido, no que acontece, nos eventos, é real, e os ossos de Eco são dados como a forma, a estrutura daquela realidade.

Temos muito o que aprender sobre essa discriminação de Eco como ossos e depois pedra, muito treino do ouvido para escutar quando a beleza cai dos ares. É como ouvir o eco da alma incorporada. É como ouvir uma voz na natureza das coisas – uma sabedoria na pedra dos ossos.

8 O ouvido envenenado de Hamlet*

Hamlet, Príncipe da Dinamarca tem sido considerada a peça mais psicológica de Shakespeare. Ela certamente fascinou a imaginação dos críticos – incluindo alguns notáveis como Voltaire, Goethe, Samuel Johnson, Boswell, Coleridge, Charles Lamb, Shaw, T.S. Eliot e C.S. Lewis. Na língua inglesa, escreveu-se muito mais sobre essa peça do que sobre qualquer outra.

As interpretações do "problema de Hamlet" – sua demora em se vingar do assassinato de seu pai – são muitas. Goethe vê Hamlet como muito sensível; Shaw, como muito humano; e Coleridge, como uma personalidade intelectual, introspectiva, que sofre por ficar em um dilema entre passividade *versus* ação. Essas interpretações românticas, que dominaram o século XIX, geralmente viam reflexão e ação como naturalmente opostas.

Há também uma vertente da crítica moral preocupada com a culpabilidade de Hamlet. Alguns (como Samuel Johnson, G. Wilson Knight e Salvador de Madariaga) o veem como cruel ou

---

* Originalmente apresentado como uma palestra no The Dallas Institute of Humanities and Culture, em março de 1982.

inumano, ou forçado ao mal pelo fantasma, que é o demônio disfarçado.

Outros críticos morais veem Hamlet como essencialmente bom ou, no mínimo, tão moralmente preocupado quanto os próprios críticos. Para eles, sua hesitação reflete sua natureza ética, e sua moral deve determinar se o fantasma é bom ou mau. Aqui, a ideia é de que a moralidade diminui a ação até que o bem e o mal sejam claramente determinados – comparada com os quais, a ação é presumivelmente rápida e firme.

Em função do desenvolvimento de Hamlet como um personagem, existem muitas interpretações psicológicas. Lily Campbell vê Hamlet como sofrendo uma reação de desgosto pela morte do seu pai; Bradley fala da melancolia de Hamlet. Ernest Jones, é claro, assinala o Complexo de Édipo. Hamlet não pode vingar a morte do seu pai, pois, inconscientemente, ele desejava a morte do mesmo. Considerando que a abordagem de Édipo salienta a ambivalência dos sentimentos de Hamlet por sua mãe, deve-se encarar a peça em termos da interpretação psicológica de outra peça, ***Édipo Rei***.

Vamos ficar um momento com esta interpretação freudiana para ver o que ela diz a respeito do mito. A psicologia freudiana vê o mito como universal e unitário (existe apenas uma história primária relevante para a psique da humanidade). O mito é claro e inequívoco (o comportamento e os trabalhos da imaginação podem ser apresentados por derivarem racionalmente do mito). O mito é inalterável (nunca conseguimos obter o mito primordial). O mito é uma raiz redutiva (muitos detalhes e variações podem ser reduzidos a mecanismos básicos).

Essa visão do mito é apropriada para uma psicologia que procura ser causal no método e parcimoniosa na explanação.

É também adequado que uma psicologia como esta se curve a este método mítico do **Édipo Rei** de Sófocles, uma peça que reflete o sentido grego do propósito claro e do destino inalterável.

Mas estamos engajados num outro tipo de psicologia – uma psicologia arquetípica que é relativa e pluralista, baseada na imaginação (mais do que na explanação), uma psicologia que deve constantemente modificar seu ponto de vista para evitar o literalismo em qualquer situação. Equivocando para evocar, decompondo para revelar, esse método psicológico não tem estrutura fixa ou clareza sistemática. Uma analogia mítica apropriada para seus processos é **Hamlet**, de Shakespeare, um drama supremo da evocação do mistério e da ambiguidade indecisa.

*

A peça começa com um fantasma. Um fantasma, parecido com o antigo rei, aparece por três noites sucessivas aos guardiões do Castelo de Elsinor. As reações dos guardiões são variadas: eles ficam emudecidos; acham que é alguém disfarçado, provavelmente não o rei; acham que é uma mera fantasia que precisa da confirmação dos sentidos ou do intelecto; Marcelo e Bernardo o desafiam com suas lanças; Horácio, cético e erudito, considera o que ele fala, mas apenas sob suas condições: (1) se ele tem alguma coisa útil para dizer; (2) se ele conhece o trágico destino da Dinamarca, tornando possível para o país evitá-lo; (3) se ele tem conhecimento sobre o tesouro enterrado. Não surpreende que o fantasma se afaste.

O tratamento de Hamlet ao fantasma é mais fenomenológico. Ele diz que o chamará como este se parece: "Hamlet,

Rei, meu pai, régio Danês". Ele se confessa um tolo, limitado e ignorante acerca das verdades sobrenaturais, e então, quando o fantasma acena, ele o segue. O fantasma leva-o para um "lugar apartado". Esse lugar apartado está afastado dos companheiros de Hamlet e do tipo de perguntas que eles têm feito. O lugar apartado é ameaçador para eles; eles temem o suicídio ou a loucura. Hamlet aceita essas possibilidades e prossegue.

O fantasma então se dirige a ele e revela as circunstâncias da sua morte:

> Ao achar-me adormecido
> no meu jardim, na sesta cotidiana,
> teu tio se esgueirou por minhas horas
> de sossego, munido de um frasquinho
> de meimendro e no ouvido despejou-me
> o líquido leproso...[1]

Embora se pensasse comumente que o rei morrera pelo veneno de uma serpente, a serpente é, na verdade, seu irmão Cláudio, o tio de Hamlet, que agora se casou com a rainha e governa o reino. O fantasma instiga Hamlet a vingar essa abominação. Suas últimas palavras são: "Lembra-te de mim". Hamlet promete que o fará e toma nota do que o fantasma disse: "Aí vou, meu tio. Agora a minha senha vai ser: Adeus, recorda-te de mim. Assim jurei". Observe que Hamlet não jura vingança, mas sim recordar.

A recordação do fantasma é a chave para o comportamento de Hamlet durante a peça. Nesse sentido, o fantasma é a figura motivadora sobrenatural por trás da ação, tal qual estavam os deuses no drama grego. Mas aqui existem diferenças importantes.

---

1. A tradução dos excertos de *Hamlet* é de Carlos Alberto Nunes, em *Obras Completas de Shakespeare*, vol. XIII. Edições Melhoramentos [N.T.].

Um fantasma não é um deus. Um deus, na imaginação grega, apresentava-se ambiguamente. Quando Apolo apareceu para Orestes incitando-o a vingar a morte do seu pai, não houve questionamento da realidade de Apolo, não houve necessidade de confirmação pelos sentidos ou através do intelecto. Ninguém ousava impor condições para que o Deus pudesse falar. Um deus era uma presença divina, uma realidade.

No mundo elizabetano de Shakespeare, os deuses tornaram-se presenças "pagãs" ambíguas (fadas, bruxas ou fantasmas), vagas meia-verdades, aparições, fantasia ilusória, imaginações selvagens. O que aparece não é mais necessariamente aquilo que é. A aparição está sujeita à perspectiva e à interpretação. O homem é a medida, e o momento mítico muda de acordo com o olhar do espectador.

Os deuses tornaram-se princípios. Apolo ou Zeus, como protetores da realeza, aparecem como princípios divinos íntegros. Símbolos, alusões e metáforas assumem o trabalho dos deuses. Quando Hamlet diz que seu pai era "como Hiperião para um sátiro", ele evoca metaforicamente o deus solar (Hiperião) através do símile. O Apolo que defende Agamemnon não é uma metáfora, mas uma presença, não é um símbolo da iluminação, mas uma presença iluminadora.

No mundo de Shakespeare os deuses não mais protegem e limitam diretamente a imaginação; eles ocorrem mais precisamente através de seus tropos, alusões, símbolos, decorações. Movemo-nos do deus para o símbolo, da presença para o princípio, da figura divina para a figura de discurso.

Mas em qualquer época "a divindade de fato restringe um rei", como diz Cláudio. O assassinato de um rei é uma ofensa séria, uma afronta ao deus ou ao princípio pelo qual o "reino" (a própria vida, a consciência) é ordenado. Perder essa iluminada orientação conduz à desorientação, ou até mesmo à doença. Hamlet diz que está doente do sol, tendo estado muito sob ele. Em um nível, esta alusão ao sol é um equívoco, *"sun and son"* (sol e filho). Hamlet é realmente o filho de um pai solar que agora é um fantasma. Ser o filho de um fantasma – essa consciência vaga, indistinta – é, na verdade, desorientador. Como é responder a um pai luminar que é uma meia-presença insubstancial? Os heróis gregos eram filhos de deuses, não de fantasmas. Para eles a ação, tal qual o deus, não era ambivalente.

Sim, *há* um momento de hesitação na **Oréstia**, mas este é um momento instrutivo, penso eu. Quando Orestes está em pé para matar sua mãe, Clitemenestra, ele hesita e pergunta a seu companheiro: "o que deverei fazer, Pílades? Ficar envergonhado por matar minha mãe?" Pílades responde: "Qual então o resultado... do oráculo declarado para Loxias em Píton? Qual o juramento? / Enumere todos os homens detestáveis para você mais do que para os deuses".

Com suas prioridades agora estabelecidas, Orestes mata sua mãe. Esse ato horrendo está respaldado divinamente, de forma que faltar para com ele, tal qual lembra Pílades, seria desonrar o deus do oráculo, o Apolo que orienta as ações de Orestes.

Em **Hamlet** o sol não é diretivo, mas destrutivo. Horácio fala dos "desastres no sol". O sol é como um "deus beijando carniça". "Não deixe vossa filha passear ao sol", – Hamlet previne Polônio – "a concepção é uma bênção; não, porém, como vossa filha pode conceber". Em um nível, uma piada de mau gosto (concepção trocada por gravidez), também prediz a loucura de Ofélia.

Não se deve caminhar inocentemente sob o sol direto, e Ofélia é uma alma ingênua. Ela fala de forma simples: "Sim, meu senhor"; "Não, meu senhor"; "Meu senhor, eu não sei". Ela recebeu as atenções de Hamlet inocentemente, e exatamente dessa forma o delata para seu pai. Como ela passivamente menospreza a si mesma, também hipervaloriza sua importância, entendendo assim o comportamento extravagante dele como prova de seu amor por ela, um amor tão intenso que o deixou bastante louco. Para a simplicidade de Ofélia (ou sob um ponto de vista simplista), Hamlet mostra-se louco ("Que nobre inteligência assim perdida!"). Mas Ofélia é aquela que se transforma. Em sua loucura "pensamento e aflição, paixão infernizante, ela volta-se em presteza e encantamento" (IV, 5, 187-188). Ofélia afoga-se tentando amarrar flores num galho esbranquiçado de um salgueiro para embelezar a árvore funerária.

Hamlet não se afoga em sua visão, nem ela é bela. Sua caminhada sob o sol é para corromper o mundo material. Ele enxerga a matéria como "indecente", "vulgar", "morta", como um cachorro morto procriando larvas. O mundo é "um jardim sem plantas", "um promontório estéril". Os homens são "retratos de meras bestas". Sua mãe vive "suando em bicas", "cozida na corrupção", num "asqueroso chiqueiro". Hamlet agride o mundo sensorial com metáforas abusivas. Enquanto Ofélia tenta ignorar uma podre Dinamarca ou tenta reconstituí-la através de belas canções, Hamlet une-se a ela e auxilia sua decomposição com uma destrutividade verbal que já é alquímica – mortificando e putrefazendo o material. Sua ação é através das palavras – palavras que requerem um certo tipo de ouvido.

*

A peça, como você deve lembrar, começa com um interrogatório. A esplanada do lado de fora do castelo está no escuro quando as cortinas abrem. Nada pode ser visto, apenas ouvido. "Quem está aí?" são as palavras de abertura que dão o tom a uma plateia desconfiada. Coleridge comenta sobre a detalhada afinação do ouvido evocada nessa primeira cena, na qual "não buliu nem um rato". Pede-se para ouvir muito atentamente.

De fato, ouvir (e ouvir atentamente) é um tema recorrente. Quando Hamlet encontra o fantasma, este lhe dá as instruções: "Não me lastimes; ouve com atenção o segredo que passo a revelar-te". Hamlet responde: "Fala, que estou obrigado a dar-te ouvidos". Fantasma: "Ouve-me". Somente o primeiro ato tem vinte referências ao ouvir.

O ouvido é a imagem central. O rei foi assassinado ao ser envenenado no ouvido. Então o fantasma não é apenas uma vaga semipresença, mas também o seu ouvido está infectado. Essa infecção do ouvido é como uma queda – o pomar como o jardim original que Cláudio chamou de "a serpente" – trazendo um sobretom mítico de inevitabilidade. O ouvir original, inocente, deve falhar; o ouvido está inevitavelmente envenenado; o conhecimento ganho através de sua perda.

Até agora, tenho usado os gregos para dizer que o que foi perdido foi parecido com a perda dos deuses. Tenho contrastado o mundo grego com o mundo de Hamlet, no qual as coisas não são mais como elas parecem ser (a aparência cindida da realidade, princípio e símbolo apartados daquilo que representam).

Mas esse contraste está sempre presente. Para os gregos, o entendimento é anterior, original, o mais puro, o mais básico e direto; para o mundo de Hamlet o entendimento é posterior, complicado, corrupto, indireto. Pode-se imaginar uma pureza original que é, então, corrompida. O envenenar é uma imagem dessa corrupção. Mas o veneno (***pharmakon***) é também remédio. Veneno cura homeopaticamente, semelhante cura semelhante.

O ouvido do rei foi corrompido de uma pureza original. Mas o remédio curativo, o ***pharmakon*** para essa corrupção, é ainda mais corrupção. A cura para o ouvido infectado é infectá-lo novamente. A amarga atividade de Hamlet tenta uma cura através do ouvir e da linguagem – significados múltiplos, metáforas, ironias. Hamlet, como filho de um fantasma com o ouvido envenenado, tem a maldição de torturar e ser torturado através da linguagem.

Mas, uma ironia efetiva requer uma âncora – conexão vertical com algum deus, princípio, tradição – um eixo que limite o seu movimento corruptivo. Em ***Hamlet***, o fantasma, embora ambíguo, constrói essa conexão vertical, mais que humana.

Há a enigmática cena em que Hamlet pede a seus companheiros de vigília para não contar a ninguém sobre o fantasma. Embora eles lhe assegurem que não contarão, ele quer que eles jurem a promessa oficialmente. Assim, cada vez que Hamlet tem seu juramento adiado e eles estão prestes a fazer os votos, o fantasma entona: "jurem", debaixo do palco. Então Hamlet se muda para outro lugar, reúne todos; assim que eles estendem as mãos para jurar, o fantasma entona: "jurem". Isso ocorre quatro vezes, a cada vez Hamlet mudando de lugar, antes de finalmente se submeterem ao voto com o fantasmagórico "jurem" por baixo.

Isso é um tanto estranho, uma vez que um pouco antes Hamlet prometera ao fantasma que iria lembrar, que estava "obrigado a ouvir", e ainda agora o encontramos mudando de lugar pelo palco, como que para esquivar-se daquilo a que está preso, para fazer o voto do seu juramento sozinho, sem o deus. Mas o fantasma insiste em uma ligação vertical mais profunda, e em uma limitação.

A crítica tem pontuado a leviandade e superficialidade do comportamento de Hamlet nesta cena para mostrar como o encontro com o fantasma tinha sido por demais intenso. De fato, Hamlet tenta fazer pouco da conexão: "Ha-ha garoto! Então o dizes? Estás aí, valente?" "Bem dito, velha toupeira!... Uma vez mais removei, bons amigos". A trivialidade, leviandade e superficialidade de Hamlet – o "lugar apartado" torna-se aqui a defesa horizontal, mudando de chão para escapar – atestam, todavia, a seriedade da tarefa de Hamlet. Conectar-se ao fantasma profundamente, como uma presença divina por baixo de si mesmo, de suas ações, de seus votos, é uma responsabilidade que ele bem pode desejar evitar. O eixo vertical com o mundo das trevas inferior é, de fato, perigoso.

Diz-se que o próprio Shakespeare interpretou o papel do fantasma na produção original. Assim, podemos fazer alusão tanto ao fantasma como escritor, como autor, talvez o "autor divino". Em muitos níveis, alguma coisa exige de Hamlet uma profunda conexão com o que ele está envolvido. O ato do envenenamento que ele está para realizar deve servir ao fantasma abaixo dele.

Hamlet serve através da linguagem. Ele é ousadamente literário. As palavras carregam muito da ação do drama. Como vimos, a ação de Hamlet com o fantasma não foi de desafiá-lo, como fez Horácio, nem de se armar contra ele, como fizeram Marcelo e Bernardo, mas o segue pelo lugar apartado – para anotar o que o fantasma disse, criando recordações semelhantes a um documento escrito.

Mesmo no nível mais simples da trama, a palavra escrita tem um papel notável. Existe a carta de Hamlet a Ofélia, a qual ela mostra para seu pai, e que então forma o subenredo (a crença equivocada de que a loucura de Hamlet se deve ao seu amor por ela, sendo a carta uma prova). Existe uma cena na qual Hamlet, lendo um livro, usa o texto como pretexto para zombar de Polônio. Então, há aquele ponto de mutação, o "resumo" de Hamlet, a peça dentro da peça que ele escreve para "capturar a consciência do rei". Há a carta de Cláudio enviada junto com Rosencrantz e Guildenstern para a Inglaterra ordenando a morte de Hamlet. Existe a carta de Hamlet, no lugar desta carta, ordenando as mortes de Rosencrantz e Guildenstern. Há também a carta de Hamlet para Horácio, falando das duas primeiras cartas anteriores e de uma reviravolta crucial dos eventos que ocorrem nos bastidores: a saber, Hamlet capturado por piratas, os piratas ficando com pena dele, e sua intenção de retornar à Dinamarca. A história pode ser totalmente contada através das cartas.

No entanto, as palavras são também parte da doença do reino. "Palavras, palavras, palavras", relata Hamlet com alguma justificativa. "Mais problemas e menos arte", repreende Gertrude. A Dinamarca está doente com os floreios da fala elegante, mas vazia. É difícil distinguir entre o que é falado e o que é feito.

Visto que o ouvido está infectado, e com o ouvido a linguagem, existe um excesso verbal sem fronteiras ou concordância. O cortesão Osrico exemplifica esse extravagante abuso da linguagem, quando, por exemplo, fala para Hamlet a respeito da chegada de Laertes:

Osrico: Mas, senhor, Laertes chegou à corte há pouco tempo; um cavalheiro, podeis crer-me, na acepção lata do termo, com excelentes qualidades, boa presença e conversação agradável. De fato, para falar dele com toda a propriedade, é a carta ou almanaque da cortesania, por encontrar-se nele a súmula de todos os dotes que pode um gentil-homem ambicionar.

Hamlet ridiculariza Osrico respondendo com uma pitada satírica e magistral, parte da sua própria metáfora.

Hamlet: O seu elogio nada perdeu em vossa boca, conquanto eu saiba que fôssemos fazer um inventário de suas qualidades, padeceria a aritmética da memória sem que na rota em que ele vai se observasse a menor guinada. Para exaltá-lo com toda a sinceridade, considero-o um espírito muito aberto, com dotes tão preciosos e raros, que, para tudo dizer em uma só palavra, igual a ele, só poderá encontrar em seu próprio espelho. Qualquer outra tentativa para retratá-lo redundaria em sua simples sombra.

Osrico: Vossa Alteza fala com convicção.

Hamlet: A que respeito, senhor? Mas, afinal, por que motivo estamos a envolver este cavalheiro em nosso grosseiro fôlego?

Horácio: Não seria possível fazerem-se ambos compreender em outra língua? Decerto o podem.

Hamlet: A que vem agora o nome deste cavalheiro?

Osrico: De Laertes?

Horácio: Esvaziou-se-lhe a bolsa; estão gastas todas as palavras de ouro (V, 2, 113-31).

A zombaria de Hamlet ao discurso exagerado de Osrico anula Osrico completamente. (Ele finalmente esquece o que estava falando.) Sem suas "palavras douradas" ele está perdido. A linguagem destruída, como a de Osrico, é o sintoma de um ouvido corrupto, um ouvido que não está mais em sintonia com o que é falado, que não está mais percebendo a ironia, a insubstancialidade do próprio fantasma. (A doença é não conhecer o fantasma, não ouvir sua insubstancialidade ecoando na linguagem e, então, ser incapaz de trabalhar nela, fazer algo com isso.)

Hamlet também zomba de Polônio, pai de Ofélia. A linguagem de Polônio, embora frívola, tem também a qualidade do senso comum – no seu melhor, digamos (como na cena com Laertes), uma certa "sabedoria popular". Gostamos muito do que Polônio diz. Na verdade, muitas das falas da peça que relembramos foram ditas por ele: "Indiretamente encontramos direções"; "nem o que empresta e nem o que toma emprestado"; "seres tu mesmo é verdadeiro / E deve-se seguir, como a noite segue ao dia / Tu não podes ser falso com todos os homens". "Use a censura de cada homem, mas reserve vosso julgamento". E assim por diante: "Sejas familiar, porém de modo algum vulgar..." Gostamos desses preceitos porque os reconhecemos – eles são populares e somos entretidos por seu valor cotidiano.

Porém, Hamlet acha Polônio maçante, chama-o de "bobo entediante", um "bobo miserável, precipitado e intrometido", um "louco velhaco e tagarela". Embora Polônio *seja* um pouco louco, ele não é cruel ou intencionalmente mau, e é afetuosamente tolerado pela corte (como provavelmente foi quando o pai de Hamlet era o rei). A aversão de Hamlet a Polônio tem a ver de fato com a maneira como este fala. Sabedoria popular, clichês, chavões corriqueiros são imperdoáveis aos ouvidos de Hamlet.

No primeiro ato, Hamlet prometeu ao fantasma apagar da mente "todas as notícias frívolas, as vãs sentenças dos livros, as imagens, os vestígios que os anos e a experiência aí deixaram". Hamlet prometeu não ouvir, não registrar ou relembrar o copiado ou convencional.

Embora Polônio diga "conceda a todos os homens vosso ouvido, porém conceda pouco vossa voz", Hamlet concede a todos os homens sua voz, mas é muito seletivo acerca de seu ouvido. Chavões imitados podem ser destruídos antes de o ouvido escutar reflexivamente. Hamlet deve primeiramente matar o escondido Polônio por detrás da tapeçaria antes que sua mãe possa refletir seus pecados. Todavia, a sabedoria popular, um "querido ancião", como Cláudio o chama, é também "um rato", como Hamlet o chama, que deve ser transpassado imediatamente.

A linguagem de Hamlet é inequivocamente individual, improvisada, habilidosa e complexa. Ela nunca é meramente loquaz, decorativa, clichê, ou vai além do ponto. De fato, ele desaprova os atores que "falam mais do que lhes é designado". Um ator deve ser tão fiel ao seu texto ou à sua peça como Hamlet o é ao seu fantasma. E, nesse ponto, Hamlet é fiel. Ele não mais vagueia pelo palco tentando evitar os murmúrios, as conjecturas, o eixo vertical que ecoa de baixo.

Uma característica do discurso de Hamlet é o uso da repetição. "Eu humildemente te agradeço, bem, bem, bem" (III, 1, 92); "palavras, palavras, palavras" (II, 2, 194); "mãe, mãe, mãe" (III, 4, 6); "exceto minha vida, exceto minha vida, exceto minha vida" (II, 2, 218). A repetição em três vezes expressa um poder rítmico apotropaico para Hamlet. Poderia ser argumentado que as palavras para ele são muitas vezes menos importantes do que aquilo que ele faz com elas. Ou seja, ele usa palavras para alcançar algo intangível e então para fazer alguma coisa daquela intangibilidade através da linguagem. Ele "cria" o fantasma através de palavras.

Por exemplo, vamos pegar a cena na qual Hamlet está "lendo" e Polônio se aproxima (insinuando-se para descobrir as razões da loucura de Hamlet):

Polônio: Que é que o meu príncipe está lendo?
Hamlet: Palavras, palavras, palavras...
Polônio: A que respeito, príncipe?
Hamlent: Entre quem?
Polônio: Refiro-me ao assunto de vossa leitura, príncipe (II, 2, 192-96).

Hamlet zomba da pergunta superficial de Polônio, "que é que o meu príncipe está lendo" (uma artimanha para iniciar a conversa), com uma irrelevante e ainda mais superficial resposta: "palavras, palavras, palavras..." Esta gota de veneno (semelhante cura semelhante, superficial-superficial) cria uma ironia e um eco. "Palavras, palavras, palavras" também implica: "palavras como as suas, Polônio, são vazias", e "são apenas palavras." "A que respeito, príncipe?" Hamlet novamente dissemina o veneno fazendo um trocadilho com a palavra "problema". "Entre quem?" "Refiro-me ao assunto de vossa leitura, príncipe". O equívoco de Hamlet sobre o "problema" leva ao mais superficial sentido (como, qual o problema?) e coloca o problema entre (entre quem?), relacionadamente. Então, Hamlet tanto ridiculariza o problema dos relacionamentos pessoais, como também coloca o problema na esfera do intermediário. A ironia tem pelo menos cinco significados: o duplo significado de problema, problema mal-entendido, trivializado por ele que é no mínimo trivial na sua relação com o problema, colocado em uma relação intermediária (num mundo onde o relacionamento está ausente), e então a ironia final: isso é evidentemente um problema.

O duplo sentido de Hamlet, os trocadilhos, os equívocos criam o fantasma. Envenenando o que é dito, ele cria um espaço dentro do qual as palavras, **devido** ao seu duplo significado (multiplicidade), fazem sentido. Para servir ao fantasma, para fazer algo dele, para relembrá-lo, deve existir um veneno a mais. A realidade *é* equívoca, então o jeito não é seguir ingenuamente (Ofélia) ou com palavras vazias (Osrico) ou corriqueiras (Polônio), mas a arte de criar espaços entre os significados. O método dessa loucura é destrutivo: deve envenenar o superficial para criar um outro nível.

Uma outra ferramenta do trabalho é a inversão. Hamlet compulsivamente reverte qualquer coisa. Se alguém fala com ele num aparente sentido, como fez Polônio quando perguntou a respeito do que Hamlet estava lendo, Hamlet responde indiretamente com a finalidade de distorcer a maneira pela qual a questão foi perguntada. Porém, quando a dissimulação vai muito além, a ponto de não ser mais imaginativamente produtiva, não criando mais nada, Hamlet inverte o processo e se torna pontualmente direto. Vemos isso com Osrico. Após Hamlet ter caçoado da descrição exagerada que Osrico faz de Laertes, ele diz pontualmente:

A que vem agora o nome desse cavalheiro?

Osrico: De Laertes?

[...]

Hamlet: Dele mesmo, senhor (V, 2, 128-132).

Então novamente: "E qual é a sua arma?"

Hamlet é igualmente direto com Rosencrantz e Guildenstern: "Vocês não foram enviados para isso?... Eu sei que o bom rei e a rainha os enviaram".

Hamlet mostra o indireto através do direto e o direto através do indireto. O ponto é sempre criar alguma coisa destruindo o primeiro nível do que é dito.

Encontramos um exemplo tocante deste "equívoco" quando Hamlet admite para Ofélia:

Hamlet: Cheguei a amar-te.
Ofélia: Em verdade, o príncipe me fez acreditar nisso.
Hamlet: Não deverias ter-me dado crédito... Nunca te amei (III, 1, 115-119).

Aqui, Hamlet inicia diretamente, "Cheguei a amar-te", mas então, quando Ofélia responde com doçura ("Em verdade... me fez acreditar nisso"), ele contradiz a si mesmo. É como se ele devesse evitar a trama da concordância entre os sentimentos. Não é que Hamlet tenha amado, ou não tenha amado, mas, sim, ambos. Ele amou e não amou. A ambiguidade, como o fantasma, é a verdadeira emoção, e a fala sincera deve honrá-la.

Mas, como é possível atuar nesse tipo de mundo, um mundo que desfaz o que existe e que faz o que não existe? Tenho sustentado que a ação de Hamlet ocorre primariamente através da linguagem, mas e a ação física? – aquela ação com a qual o próprio Hamlet e certamente muitos críticos da peça estão envolvidos.

O coveiro (V, 1, 11-12) diz: "um ato é composto de três partes: agir, fazer e realizar..." Isso é designado a ser uma paródia de um exercício legítimo e minucioso, mas derramemos agora um pouco de veneno e consideremos o que isto não é. Acima de tudo, eles são coveiros cuja sabedoria é muito provável que esteja ancorada verticalmente.

Vamos conclamar o primeiro tipo de ação, a ação da própria peça. Classicamente, uma tragédia deve mostrar uma ação completa, necessária, e inevitável. Frequentemente o personagem principal é completamente heroico no início; então ocorre uma inversão, um reconhecimento e a queda. Porém aqui tudo está invertido. Hamlet é mais "caído" no início do que no final; e as inversões e reconhecimentos estão por toda a parte; a trama, em vez de "necessária" e "inevitável", vai pelo caminho da circunstância e do acaso.

Acontece a Rosencrantz e Guildenstern de encontrar os atores na estrada, e eles então os convidam para a corte; Hamlet mata acidentalmente Polônio; o navio que o leva para a Inglaterra acaba sendo atacado por piratas, os quais por alguma razão inexplicável se compadecem dele. Hamlet e Horácio, coincidentemente, retornam à Dinamarca pelo cemitério onde por acaso Ofélia está sendo queimada. Gertrude acidentalmente bebe do copo errado; espadas são acidentalmente trocadas; assim quando todos os quatro estão morrendo ou morrem, Fortimbrás chega na Dinamarca justamente quando Hamlet anunciou seu voto de morte.

Essa onda de acontecimentos ou acidentes apontam para o tipo de ação que está sendo executada. Não se pode dizer que a peça é imperfeita em sua essência, ou uma "falha" ou "malogro" artístico (como Robertson e Eliot defendiam); em vez disso, este é um drama em um universo sem deuses, onde a figura motivadora é um fantasma envenenado. Adotar outra posição seria ignorar o erro por trás de tudo isso e exigir outra peça.

O segundo tipo de ação: fazer (ato como intenção ou desejo). Os críticos que pensam em termos de intenções voluntárias – Hamlet deveria ter optado pelo caminho inverso, deveria ter feito a escolha de "ser ou não ser" –, esses tipos de interpretações vão mais além do que tenho tentado fazer, ou seja, uma leitura psicológica que não separa intenção ou desejo do que aparece. A peça *é* seu "correlativo objetivo".

"A peça é a coisa" nos leva ao terceiro modo de ação, a ação na qual considero Hamlet estar envolvido: atuar como "executar". Hamlet aprende a atuar tornando-se um **performer**, um ator cuja vontade está voltada para outra coisa – um texto, as necessidades de um roteiro, a providência.

A abertura para "outra coisa" foi efetivada através do trabalho de Hamlet com a linguagem. Inversões, contradições e ambivalências serviram para revirar identidades e desprender estabilidades, criando o fantasma como uma entidade imaginativa, uma semipresença intermediária. Nesse lugar intermediário, a ação se torna possível como uma imaginação que está além.

Essa ação não é um ***acting out*** (atuação) de um dos aspectos do fantasma – real ou imaginário, heroico ou reflexivo – mas um movimento com a imaginação em sua integridade. Hamlet se torna um tipo de ator dentro de um lugar mais amplo, sobre um palco do mundo. A "consciência" que a peça emprega é o próprio Hamlet. Como o ouvido envenenado se torna uma imagem concreta e visível na peça, um decreto concreto se estabelece. O mundo é uma peça, e o concreto não é mais simplesmente o comportamento literal, mas através da peça o mundo se torna uma extensão da imaginação. Esse movimento do literal à realidade imaginária é a única forma de Hamlet poder entrar em ação. A imaginação o libera para executar.

Não existem regras estabelecidas para essa encenação. Olhe para as "regras" de Hamlet: ele adverte os atores contra "cenas mudas", pantomimas, ainda que escreva uma cena muda para o rei; ele adverte novamente contra dramatizações excessivas, e é contra falar mais do que lhe é designado, ainda que ele mesmo elabore e dramatize. Os princípios que Hamlet imprime para a *performance* são contraditórios ao seu comportamento. Mas essas contradições são a natureza da sua atividade. Hamlet pode atuar apenas se a ambiguidade do fantasma é constituída dentro da ação, apenas se a ação for imaginativa também.

Essa ação imaginativa não pode ser estabelecida como uma regra. Ela existe no ínterim entre a lei antiga e a nova – antigos deuses, antigas palavras, antigo rei, e a ordem do que é novo. Essa zona intermediária, ainda que psicologicamente concreta, não pode ser estabelecida como um reino. Isso abre caminho para o novo reino de Fortimbrás, mas não pode existir dentro dele.

Na conclusão da peça, aprendemos que o novo regime será de fato um pouco diferente do antigo, "traçado no ponto exato." O jovem Fortimbrás que herda o reino é voluntarioso e militar (seu nome literalmente é "forte no braço"). "Com divina ambição" Fortimbrás encontra a honra através da "luta", conquista terras "que não possuem lucros, mas sim nome". Talvez o nome seja lucrativo o suficiente, e os solos, chãos para uma nova ordem. Hamlet dá o seu voto à esperança e então morre. Hamlet deve morrer para estabelecer que o fantasma permaneça um fantasma, a semipresença da ambiguidade que é de fato a peça, e que mantém **Hamlet** vivo. O reino vai e vem, mas o nome que permanece é a peça à qual Hamlet se entregou e através da qual ele continua a existir.

Hamlet permanece como história. Ele continua a existir na fantasia de qualquer psique que seja fiel a um fantasma, subversiva à rigidez. Porém, faz diferença quem conta a história. Com a história de Horácio, antecipamos um conto de ações externas, aprovado pelos sentidos e pela erudição, narrada com uma razão equilibrada e bom julgamento. Duvido que essa seja a história completa ou o cenário real. A história completa é a história da imaginação: a ação real é a imaginação. Hamlet permanece como um fantasma em nossa imaginação ocidental, uma presença assombrosa ligada ao equívoco, presa à ambiguidade, liberada para a atividade através da ação da linguagem.

Um pós-escrito "psicológico"

Perguntaram-me, após apresentar esse ensaio numa palestra, o que ele tem a ver com psicologia. Para mim, isso *é* psicologia – porém, talvez seja necessária uma explicação. Estou cansada de dizer "psicologicamente" ou "isso é como se fosse", e depois fazer uma tradução psicológica sobre o que estou dizendo – o que no caso de **Hamlet** pareceu ser uma tarefa particularmente árdua. Mas deixem-me oferecer agora algumas notas a respeito do fantasma, nas quais a minha visão da "psicologia" de Hamlet se sustenta.

O fantasma é uma presença imaginal como uma alucinação, uma visão, uma imagem onírica, ou apenas uma vaga visão que persiste. As reações dos guardiões são como a de qualquer homem diante de uma ilusão. Incapazes de se relacionar com a presença do fantasma, eles o consideram um disfarce, como Freud propôs sobre as imagens dos sonhos disfarçadas de algo, algo que se pensava ser mais primário do que a ilusão em si mesma: uma ilusão deve ser sensível, ou ao menos fazer sentido. Como Horácio, que requer que a ilusão esteja a serviço de motivos coerentes. Ouviremos a imagem se for benéfico ouvi-la, ou caso ouvi-la nos traga conhecimento profético ou nos conduza a um tesouro secreto.

Hamlet adquire um outro tipo de consciência. Ele se move rumo ao terreno da ambivalência. Apenas esse olhar ambivalente permite uma imagem deste removimento psicológico, o qual por sua vez permite que o fantasma fale. Essa mudança sintoniza o ouvido para nuanças, metáforas, duplos sentidos, ironias e também destrói a ingenuidade, o lugar-comum e a conversa cotidiana.

Esse ouvido, entretanto, precisa estar verticalmente afinado. Se um ouvido para a linguagem destrói, ele precisa relembrar o motivo pelo qual está destruindo – e é por isso, incidentalmente, que penso que o fantasma reaparece para Hamlet na cena com Gertrude. Ele é conduzido pela sua linguagem destrutiva, e então a lembrança do que ele é novamente é necessária; ele precisa se conectar com o espírito abaixo de sua atividade.

Caso o ouvir não seja inanimadamente destrutivo, ou caso seja apenas uma brincadeira, um jogo de associações superficiais, então essa conexão vertical é um pré-requisito. Se ouvir é "ser psicológico", é necessário que ele (o ouvir) esteja protegido por algum princípio ou pressuposto. O ouvir precisa estar ancorado e circunscrito.

Em psicologia arquetípica, temos denominado essa circunscrição de "ficar com a imagem". Não querendo apenas usar a psique, mas aprofundarmo-nos nela, temos limitado nosso trabalho à "imagem". Mas o que é a imagem? Se for baseada em um fantasma, então a imagem não fica restrita a configurações nos sonhos, mas pode aparecer também como um fantasma em uma emoção, em uma situação, uma troca física ou verbal, em uma vida inteira. O fantasma é o escopo limitante e o ***spiritus rector*** definindo o trabalho. Sentir esse fantasma e criar com ele constitui a arte do trabalho psicológico.

A arte psicológica é fantasmagórica, baseada em um fantasma. Não é encontrada em um decreto de um reino ou na regra de um sistema. Sua limitação real não é dada por um esquema conceitual, não importa o quão revelador ou supostamente "psicológico" seja. Ao invés, o trabalho é assegurado por uma presença semivisível, um chão mais profundo com demandas sombrias.

Tenhamos cuidado com reinos, sistemas e estruturas. Podemos criar o caminho para eles (assim como Hamlet cria o caminho para Fortimbrás), mas vamos permanecer a par do nosso trabalho fantasmagórico, um trabalho menos limitado ao reino e às regras do que ao embasamento de uma presença intangível. Se o fator "psicológico" for de fato alguma coisa, então ele é exatamente essa atividade de fazer e re-fazer, a qual é ao mesmo tempo uma lembrança a serviço do fantasma.

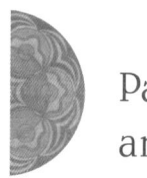

9 Parada: um modo de animação*

Um artigo psicológico é uma confissão subjetiva, como uma vez Jung observou. Deixe-me rapidamente confessar duas fascinações, mais do que isso, obsessões, por trás deste ensaio. Uma, é uma perversão arraigada, incurável, uma fascinação compulsiva que tenho por qualquer coisa excêntrica, patológica e distorcida, especialmente as regiões fixas, bloqueadas e imóveis da psique – o indivíduo que não pode sair de um impasse, o catatônico com "flexibilidade cérea", a criança muda; sintomas como o bloqueio do escritor, o pânico do palco, depressões imóveis – bem como os comportamentos fixos, parados e bloqueados em todos nós que não se movem não importa o quanto tentemos. *O que a psique está fazendo nessas paradas?*

Outra fascinação que tenho é o mito. Sempre me pareceu que os mitos não são tanto histórias sobre o desenvolvimento da história, da civilização e da consciência, mas imagens de coisas eternas, coisas que se repetem ou que talvez não te-

---

* Originalmente apresentado como uma palestra na conferência Anima, Animal, Animation, organizada pelo Analytical Psychology Club of Western New York, em Búfalo, NY, em novembro de 1980.

nham absolutamente nada a ver com o tempo – mais do que isso, "uma dádiva de significados de vida", como disse Robert Duncan[1].

Para satisfazer essas duas fascinações gostaria de circular um mito usualmente chamado de lenda de Perseu. Esse mito satisfaz minha ânsia pela patologia, pois contém imagens suficientemente contorcidas e medonhas: sangue, assassinato, prisão, incesto e a Medusa que para você em seu trajeto e o transforma em pedra.

Além disso, este parece um mito sobre parada, sobre a natureza imobilizante do mito – sobre a relação do mito com o estático e com as realidades eternas. Este é um mito sobre o mito, do mesmo modo como certos poemas são sobre fazer poemas, novelas são sobre fazer novelas.

Dessa forma, meu método olhará este mito de uma maneira que o pare. Essa parada é muito perturbadora, pois prejudica a força da narrativa, a qual nos conduziria por um caminho mais divertido.

A narrativa suscita curiosidade: o que acontece depois, e depois, e então, e então? Ela é experimentada como um movimento. Se fôssemos ler este mito como uma narrativa, teríamos um conto heroico maravilhoso – mais um conto de fadas do que um mito[2]. Teríamos a história da ascensão de um jovem que sobrepuja as circunstâncias de seu nascimento (ele nasceu numa prisão), vence todos os obstáculos, degola o monstro, redime sua mãe, resgata uma linda donzela e se casa com ela...

---

1. DUNCAN, R. *The Truth and Life of Myth*: An Essay in Essential Autobiography. Fremont, Mitch: The Sumac Press, 1968, p. 8.

2. Cf. a distinção feita por David Miller em "Fairy Tale or Myth?" *Spring*, 1976, p. 157-164.

Mas não quero fazer isto. O que quero, ao invés disso, é parar premeditada e deliberadamente a história, ficando com alguns de seus momentos – suas imagens ou complexos – e, então, ver qual o modo de animação que ocorre, se é que ocorre algum.

Como primeira imagem, vamos pegar a mãe de Perseu, Dânae. Dânae é presa numa cela por seu pai Acrísio, porque havia sido profetizado que ela daria à luz um filho e que este filho seria a ruína de Acrísio. A Dânae aprisionada foi muito pintada – Rembrandt, Primaticio, Correggio, Ticciano. A imagem mais admirável é a de Ticciano, na qual a carnuda donzela repousa sedutoramente, recebendo a chuva de ouro de Zeus em seu delicioso colo. Atualmente, a maioria prefere esta história opulenta do nascimento de Perseu, esta imaculada concepção dourada, caída dos céus. Certamente, esta é a maneira pela qual deveria ser concebido um herói, um redentor.

Mas, há outra versão. Nessa versão, Dânae é seduzida e engravidada por seu tio, o irmão de seu pai. Precisamos recolher alguma informação sobre esse tio. Na verdade, precisamos voltar atrás, antes desse tio, porque a ancestralidade nos dá uma certa base para a patologia no mito como um todo.

Os primeiros ancestrais dos Danaoi são irmãos gêmeos que se odeiam. Um irmão possui cinquenta filhos, o outro, cinquenta filhas. As filhas são fortes tipos amazônicos, ferozmente fiéis a seu pai, que é chamado "o lobo". Quando, finalmente, as filhas devem desposar os cinquenta filhos (um incesto grupal maciço), quarenta e nove matam seus jovens noivos na noite de núpcias. A cinquentésima trai, inadvertidamente, o pai e as irmãs ao apaixonar-se por sua vítima. Embora ela seja confinada e punida, o seu acidente garante que essa linha familiar e que o mito, o mítico, sejam perpetuados. O mito depende de tais acidentes de fertilidade, acidentes que interrompem sua natural autoabsorção e autodestruição através de um legítimo colapso mítico a partir de uma inesperada natividade.

A próxima complicação envolve o pai de Dânae, Acrísio, e seu tio Preto (Proitos) – novamente, irmãos que se odeiam tão profundamente que tentam matar um ao outro ainda dentro do próprio útero materno. Assim, dentro do próprio útero familiar, há um conflito sangrento. Então, eles são irmãos no ódio; o ódio está na irmandade familiar.

Quando adultos, os irmãos batalham pelo trono de Argos. Durante o curso desta batalha, um escudo redondo é inventado – o primeiro escudo de forma circular – como se, contendo a tensão dos opostos, um escudo conferisse proteção por incluir todos os aspectos da antipatia familiar numa linha contínua.

Mas, é claro, essas construções de totalidade nunca operam perfeitamente. Esquemas diagramáticos e concepções simbólicas falham ao envolver a natureza do mito, a qual não é propensa em produzir ciclos perfeitos. Tais concepções simbólicas dificilmente podem nos proteger do intrínseco formato ancestral interno, das profundas patologias do mito e das erupções e interrupções nas tentativas mitológicas de encontrar suas próprias soluções.

Por exemplo, esse tio tem três filhas e um filho (quatro: novamente um número simbólico da totalidade). Simbolicamente, espera-se que esses quatro arredondem as coisas e estabilizem o padrão familiar, mas, ao invés disso, todos os quatro, de maneiras diferentes, são enlouquecidos e despedaçados.

Mas, voltemos à Dânae. Ela e seu tio (o qual o pai odeia) cometem incesto. Sinto-me mais atraída para essa versão incestuosa da paternidade de Perseu, pois o incesto está em harmonia com a confusa emocionalidade da experiência familiar: paixão, ódio, assassinato, natureza voltando-se contra si mesma, enfurecimento dentro do útero, desmembramento.

O incesto opera aqui porque traz uma autofertilização no interior da família da própria mixórdia familiar; a perversa circularidade do incesto atua compondo, solidificando o horror familiar. No bojo de todo esse ódio passional há uma autofertilização incestuosa, adensando o mito ao voltá-lo para dentro de si mesmo. O mito torna-se entranhado. E como é fértil esse mito dos mitos. Como Fontenrose mostrou em seu livro *Python*, há todos, exceto cinco dos quarenta e três possíveis mitemas no conto de Perseu, nenhum dos quais pode reivindicar prioridade como *ur* e fazer os restantes derivados ou secundários. Esse mito continua gerando novas variedades de si mesmo. Ele é uma chuva de ouro, um incesto fértil.

Outro mito incestuoso – Perséfone capturada por Hades, irmão de seu pai – é igualmente misterioso e igualmente fértil. E ambos, Perseu e Perséfone, carregam o prefixo *perthou* (destruidor, devastador). Novamente, uma variedade violenta de patologia parece essencial para os mistérios mais profundamente sustentadores que dão significado à vida humana. Na imagem de Perséfone é Gaia, a própria entranha da terra, que se abre para o rapto de Hades e, portanto, insiste no incesto. Como Freud e Jung viram, o incesto deve ser um complexo universal; Gaia e Hades o ordenam.

E se levarmos isto um passo adiante, o incesto aparece em mitos não apenas para fazer dos mitos, mitos, torná-los super-humanos, mas para forjar os próprios mitos. Os mitos exigem neles o motivo do incesto para evidenciar sua própria geração incestuosa. A consciência mítica é uma consciência incestuosa que é permitida aos seres míticos (como os Faraós) e é essencial para a *iniciação ao pensamento mítico* como em Elêusis ou no modelo alquímico de individuação.

O incesto é, também, uma imagem de parada, porque ele para o curso exogâmico normal dos eventos pela inversão, fertilizando algo novamente dentro de si mesmo. Assim como o sangue familiar, o complexo, em um mito o espessa e o faz ganhar peso, o mito torna-se mítico. Mito *é* incesto. Ele é como poesia (*dichtung, dicht* = espesso, denso). Ele é obsceno – os contos são terríveis! Sempre se quer desculpar o mito. Ele não é logos. Não é moral. Não é nem mesmo Eros! Ele é difícil de explicar, de articular, de ser extraído exogamicamente para o mundo ou para um artigo como este. O incesto nele resiste, mantém-no limitado em um rígido nó interno, dentro de sua própria família, dentro de seu próprio adensamento.

Mas o incesto é também como uma prisão – a prisão da vergonha, do segredo. Frequentemente as imagens do incesto mostram o par em castelos, ilhas, jardins murados, salas secretas. Então, Dânae também está aprisionada pelo seu pai em uma tumba subterrânea embaixo do palácio.

O pai, Acrísio, queria um filho para continuar a linhagem familiar. Ele queria aumentar a família. Já vimos como esse mito e complexo familiar (a natureza do mito e do complexo) não se estende normalmente, exogamicamente para fora, mas em círculo, ao redor de seu próprio sangue, como esta discussão em círculos.

O Oráculo de Delfos diz para Acrísio que não, ele não terá um filho. O movimento normal para o mundo não é possível e, pior, sua filha terá um filho que o destruirá. Frente a essa possibilidade, o velho homem aprisiona sua vida (sua *anima*); enrijece, estabelece, fixa os porões escuros da sua imaginação dentro de um calabouço de repressão e coloca a alma lá embaixo. E quando a filha é presa em construções rígidas, o potencial mítico da psique é também preso e imobilizado. (Então, de fato obtemos fórmulas, significados simbólicos fixos, alegorias.)

Então a filha está presa em uma tumba embaixo do palácio, e nenhuma semente, nada fértil pode chegar até ela. Novamente a imagem é incestuosa. Visto que a câmara está debaixo do palácio do pai, isso é como tentar manter aquilo que ameaça, a *anima*, abaixo de si mesmo. É como manter-se imperiosamente no topo, acima do que é ameaçador. Isso é incesto num sentido neurótico, superficial. Em vez de conectar com as profundidades *míticas*, essa ligação defensiva mantém o pai em cima de sua filha – de maneira que reflexão, trabalho, ou emoções permanecem acima, na superfície e/ou ficam enclausuradas embaixo. (É como viver num apartamento duplex ou casa com níveis – você andando de um lado para outro no topo, enquanto sua filha fica presa embaixo.)

Nesse conto, apesar de toda essa supressão (ou talvez por causa dela), a fertilização ocorre. Isso é como o retorno do reprimido, ou a fertilidade no reprimido. Isso *é* como ouro. Há uma chuva de ouro no colo da mulher, o qual cresce em potencialidade. Ela está agora confinada, como costumávamos dizer. Assim, novamente temos uma imagem de parada. Sua gravidez é seu confinamento, seu confinamento é sua gravidez. Dentro da prisão dessa cela, algo germina.

O aprisionamento é crucial para um determinado tipo de movimento novo, que podemos chamar de movimento mítico. Esse não é um aprisionamento qualquer, um aprisionamento corriqueiro – estar apenas engarrafado, emparedado, guardado e reprimido. Essas condições precisam ser imaginadas miticamente, experimentadas de forma incestuosa, como se quando alguém está nesse calabouço, algo secreto ocorre no ventre, que as fantasias – e não meus inimigos, meus pais, meu marido, ou meu destino – estão me confinando, que estou sendo mantida aqui por eventos míticos. Então, esse sentido incestuoso de procriação agindo dentro do confinamento, do aprisionamento, torna-se um modo de autofertilização. Portanto, necessitamos das proibições da rigidez, dos impossíveis muros de pedra dos quais não podemos escapar ou mesmo olhar além deles para nos tornarmos conscientes de que estamos germinando realidades míticas dentro de nós mesmos.

Dentro dessa reclusão, nasce Perseu. Quando criança, ele fica brincando feliz com uma bola dourada. Ele pode brincar com o mundo mítico sob a forma de uma bola dourada porque ele é um filho do incesto, um filho da imaginação. Para ele, a prisão é como um pequeno paraíso. Ele está se divertindo muito e, você sabe, para Jung, a bola – particularmente uma bola dourada – é um símbolo do *Self*. Assim, Perseu está brincando consigo mesmo. Ele está brincando consigo mesmo até que a bola rola para fora de seu alcance e ele perde a si mesmo. Ele chora e grita.

Nessa imagem narcísica, paradisíaca e fechada em si mesma, tudo está bem – ainda que de forma tola e fútil – até que o próprio brincar reflexivo role para fora do seu alcance. Assim como no caso de Narciso, nada pode ser feito a não ser cair nas profundezas; ou, como no caso de Perseu, subitamente se descobre o *Self* estendendo-se além do próprio *Self*. É como se o mundo ganhasse importância, porque o *Self* está fora também, e então você se apavora e grita. É como se o complexo curasse a si mesmo. Você se perde e então grita, berra no mundo – daí realmente você está fora.

Acrísio houve esse berro – que, provavelmente, lhe foi dirigido – e os atira fora de seu confinamento, expulsa-os da prisão. Desse modo, veja você, o sintoma "gritar", o ato falho faz a coisa acontecer, o choro leva-os para fora.

A mãe e a criança agora aparecem em uma caixa, um baú fechado, arremessado ao mar. Novamente, temos uma imagem de aprisionamento: nesse momento, o aprisionamento consiste em estar à deriva. Mesmo que a prisão embaixo do palácio, estar aprisionado pelo velho rei, fosse constritiva e desconfortável, ainda assim ela *era* um tipo de continência. Você sabia onde estava. As paredes estavam ali, as fronteiras eram estabelecidas. Mas, agora, aqueles suportes todos desapareceram e se está à deriva.

Estar à deriva é um tipo terrível de aprisionamento, como num filme de Antonioni. Estamos soltos no mundo, mas sem chão; expostos aos elementos, mas em uma caixa fechada. À deriva e, contudo, isolado, desconectado.

Há muitas maneiras de terminar esse aprisionamento flutuante. Você pode ser lançado na praia de alguma sólida realidade, ou chocar-se contra uma pedra e ser aberto, ou talvez ser engolido por um peixe e carregado para o leste no ventre de alguma intenção imprecisa, oceânica – ou pode ser parado mais gentilmente, nos juncos, apanhado nos braços de alguma donzela.

Mas aqui, nesse mito, o vaguear termina em uma rede. Um pescador, Díctis (cujo nome significa "homem da rede"), vê a caixa flutuando e, sendo um pescador imaginativo, interpreta isso como uma coisa extraordinária – um magnífico monstro marinho ou um deus – então, ele a pesca e a arrasta para a costa. Ele é um pescador com visão imaginativa (visão mítica). Ele vê monstros e deuses.

No exato momento em que Perseu flutua com sua mãe em uma pequena caixa no amplo oceano, aparece, na mesma imagem, Díctis, o pescador. Dessa forma, flutuação e pesca ocorrem numa mesma experiência. Quando as introspecções estão todas encaixotadas, os horizontes limitados por um teto baixo e paredes rígidas, então também estamos pescando. O que houve, o que está havendo, por que estou tão preso? Alguém pergunta, procurando ao redor por razões, explicações, causas, enquanto, simultaneamente, está limitado dentro de si mesmo.

Nesse caso, apenas uma grande rede funciona. Apenas uma visão que vê extraordinariamente – deuses e monstros – pode libertar a pequenez da mente que acompanha a introspecção. Estar à deriva não pode ser resolvido com o racional, com "percepções sensatas da realidade", como são chamadas. O melhor instrumento para interromper a deriva e chegar à terra é uma suprapercepção, é perceber o fantástico. Quando deixamos nosso pescador exercer sua mítica e animada imaginação, então somos imediatamente libertos da caixa. Quando podemos ser percebidos imaginativamente, podemos desembarcar. Há no mito algumas boas imagens para essa arte de percepção, uma das quais ocorre na cena com as Greias.

Essas são três irmãs – filhas de Fórcis, o velho homem do mar. O nome *Phorkys* é uma forma masculina de *phorcis*, a primitiva deusa mãe porca. Assim, Fórcis tem suas raízes naqueles mais profundos e primitivos mistérios da terra. As Greias, filhas de um homem-porco, são mulheres-porcas. Elas têm o porco na sua base.

Mas as três irmãs não parecem demonstrá-lo. Elas são descritas como belas e sendo semelhantes ao cisne (esse gracioso pássaro da morte). Elas são grisalhas desde o nascimento, e seus nomes (Ênio, Péfredo e Dino) significam guerreira, vespa e horrível. Há algo lindo nelas (atraente), ainda que, ao mesmo tempo, terrível e mortal nessa mesma atração. Talvez essa *terrível beleza* seja um modo de expressar os mais profundos mistérios da terra, recordando seu pai Fórcis e a deusa Porca que devora cadáveres e que também está associada a Hades (que também é chamado Orco, porco).

Então, nessa imagem das Greias temos Hades, o porco, o devoramento de cadáveres e uma certa beleza mortal, semelhante ao cisne, jovem e velha ao mesmo tempo, eternamente grisalhas. Mitológica e psicologicamente, elas são muito arcaicas, muito básicas, deusas profundas (mais velhas, p. ex., do que os olímpicos). Elas existem onde a morte tem beleza e beleza, morte. Onde porcos e cisnes coincidem. Seu território é uma fronteira entre leste e oeste, um lugar de escuridão, onde a luz se põe e onde ela nasce, uma terra de ninguém na orla, nos confins das florestas e das rochas. O lugar é chamado a "terra das rosas de pedra" – onde a efêmera delicadeza de uma rosa é uma pedra, e uma pedra promete essa efêmera delicadeza. O animado e o inanimado são, nesse reino, um só e o mesmo. Rocha é rosa e rosa é rocha. O mais delicado, o mais substancial.

Essas irmãs têm um único olho que partilham entre si. De acordo com uma história, esse é um olho mágico que as capacita a compreender o alfabeto das árvores da floresta. E seu único dente (que, em algumas histórias elas também compartilham) é um dente divinatório, permitindo que elas cortem gravetos alfabéticos do arvoredo. Um detalhe extraordinário! Palavras que crescem nas árvores! Letras, linguagem, palavras escondidas na madeira, fundamentalmente a própria madeira, palavras da própria matéria, palavras que realmente importam – as palavras na natureza e a natureza nas palavras. Então, realmente, esse olho que pode ler árvores é algo a que se agarrar. É como a origem da visão e do discurso míticos, extraídos da própria natureza.

Perseu agarra o olho esperando em emboscada, ficando muito silencioso, tão imóvel como se estivesse invisível (ele estava usando o capacete de Hades). Aqui, a imagem da parada é aguardar silenciosamente, até não se existir, até que a própria forma e mesmo o eu tornem-se inexistentes, invisíveis. Uma imobilidade absoluta, como diz Eliot: "tudo na espera" – um tipo de atenção perfeita.

Então, num certo momento, entre o movimento dos eventos lá fora, na passagem do olho, alguém o possui. Por um momento, alguém tem a visão das Greias: o escuro/claro, velho/jovem, feio/bonito, a rocha como rosa/a rosa como rocha, animado/inanimado. Por um momento, captura-se uma percepção que abre o caminho para a caverna da Medusa.

Na próxima imagem, Perseu passa "como um javali para dentro da caverna". Bem, essa é uma imagem muito estranha. Como é que Perseu transforma-se em javali? Mais especificamente, como é que esse único olho das Greias, estase de terrível beleza, possibilita alguém tornar-se semelhante a um javali – corpulento, fuçando, movendo-se ruidosamente para dentro da caverna? De uma silenciosa estase e um momento de percepção, temos agora compulsão, uma monocular investida dentro da escuridão.

Seguramente, o olho único é não psicológico, ciclópico. Não há uma "segunda visão" para "balancear a visão", para dar perspectiva, distância, reflexão. Com um olho único, *somos* o olho – limitado, urgente, animalesco. Assim parece, mas o javali conduz ao mundo das trevas, que é outro nome para a caverna da Medusa. Também relembramos os porcos de Eubuleu que afundam em direção ao mundo das trevas no mesmo momento que Perséfone. Então, a única via de entrada nesse reino insubstancial do mundo das trevas é com toda a investida corpulenta e concreta de um javali atacando. Penetra-se através do imediatismo.

Evidentemente, o olho das Greias e o dente divinatório – aquela única percepção em linha reta – libera uma energia animal, uma convicção instintiva na qual ação e percepção são um único impulso, como um javali. Mas essa é uma percepção subterrânea, sombria, uma certeza psíquica, uma investida não para dentro do mundo, mas para dentro da escuridão.

No mundo inferior da Medusa você não pode olhar as coisas diretamente. Se você olhar para a Medusa, se você permitir que seus olhos a percebam, você vira pedra. Há apenas duas coisas que você pode fazer. Uma, a mais conhecida, é olhá-la indiretamente, olhá-la como um reflexo por meio do escudo de Atená. Assim, esse modo de olhar é cauteloso e autoprotetor; Atená como defesa.

Na psicologia arquetípica temos dado um bom uso a essa defesa. Insistimos sobre a reflexão. É crucial, dizemos, não considerar as coisas – eventos, sonhos, emoções, impulsos – literalmente, mas refletir sobre elas como imagens. Mas há muitos modos de reflexão, nenhum dos quais é sempre o mais apropriado. Por exemplo, se reflito com dois olhos usando o escudo de Atená enquanto me movimento como um javali de um olho só, estarei destruindo a própria imagem na qual estou – uma imagem cujo poder instintivo depende de uma investida de um só olho, um movimento direto para a coisa, um golpe de mestre. Sustentar o escudo de Atená da reflexão, num momento como esse, me separaria do porco que é meu veículo e cuja consciência instintiva é o caminho.

Outro problema com o uso do escudo de Atená para aproximar-se da Górgona é que Atená não gosta das górgonas. Ela lhes confere lugar porque ela é política e sábia, mas isso não significa que as aprecie. Na verdade, há contos que relatam ter sido ela quem inicialmente tornou a Medusa feia. De acordo com uma história, a Medusa era uma bonita garota que, por acaso, estava no lado errado em uma batalha e, então, Atená amaldiçoou-a. De acordo com outra história, Medusa rivalizou com Atená em beleza e, então, foi amaldiçoada. E, ainda em outra, a Medusa, na forma de um cavalo, fez amor com Poseidon no templo de Atená e por esse sacrilégio foi amaldiçoada.

A origem de Atená também é radicalmente diferente das deidades da terra; ela é a filha de um pai, e vem de sua cabeça, não de um útero ou da terra. Numa visão geral, ela tem virtudes e poderes maravilhosos – um senso claro de equilíbrio, persuasão, inserção política – e eu não desejaria ofendê-la. Contudo, gostaria de propor outro caminho: há uma segunda história, uma variação do mito no qual Perseu não usa o escudo, mas sim desvia o rosto e, deixando o destino guiar sua mão, tateia em busca da cabeça da Medusa.

Sensação – você *sente* a Medusa. Você toca, sente sua qualidade de amante (seu nome significa "a amante"). Mais do que reflexão através da distância, a imagem aqui é de intimidade, sensibilidade íntima reflexiva, Atená no toque – aquela outra Atená, Atená das habilidades, Atená na mão.

Mas isso não é fácil, pois a Medusa tem sido há tempos considerada como uma imagem de terror. Os gregos viam-na como terrível. Na nossa abordagem heroica, nós a experimentamos como uma ameaça estática, imobilizante. O progresso teme a estase, ele a vê como um mal. Movimento, desenvolvimento e atividade aparecem todos como bons, ao passo que estar parado é estar aflito. Como, é claro, todos estamos, tememos a natureza da Medusa, rejeitamo-la, não ousamos tocá-la.

Bem, Perseu é prevenido contra olhar diretamente a Medusa, e aprendemos no conto o seu ardiloso modo de indireção. Mas vamos parar e focar nela: por que ela não quer ser olhada tão diretamente? Será que olhá-*la* cria uma distância que a ofende, fazendo dela um objeto, enquanto que eu me afasto, torno-me um espectador? Olhá-la como um objeto cria esse abismo entre nós, ela e eu, separando-me das profundezas de minha natureza. Ao tempo em que ela se torna objetivada, eu me torno não natural, ou desnaturado – aquela postura heroica que temos chamado de consciência egoica.

Todos sabemos o que acontece para os espectadores nos mitos: Psiquê olha dentro da caixa e cai morta, Orfeu perde sua noiva, Acteão é despedaçado, Penteu acaba como um caso perdido no colo de sua louca mãe. E quando olho para os mistérios de minha natureza objetificando-os, percebendo-os como se eles fossem coisas, conceitos – minha sexualidade, meu corpo, meus apetites, minhas sensações – no momento em que elas se tornam "coisas" para serem trabalhadas, ajustadas, consertadas, explicadas, eu as perco. Assim é que a Medusa se vinga daqueles que se aproximam dela diretamente. Nhoc! Minha sexualidade *torna-se* uma coisa, minhas sensações tornam-se literais, conceituais – "Estou tendo sentimentos agressivos. Estou ficando ansioso". Meus apetites naturais tornam-se objetificados, tanto que devo me curar com objetos – pílulas, vitaminas, minerais, exercícios quantitativos, regras estabelecidas – minha natureza torna-se numerada e inanimada. Esse é o modo como a Medusa nos imobiliza. Não é de admirar que o mito de Perseu seja tão recorrentemente válido. Ele é, de fato, o herói cultural que nos salva dessa objetivação.

A Medusa pode pegar qualquer um de nós quando vemos a natureza (sua natureza, minha natureza) como um fato objetivo separado de ou sem contato com o toque sensual e interior da vida. Mas Perseu encontra um caminho, através do toque, naquela versão que eu prefiro. Tocando o corpo da Medusa, ele rastreia sua estase, os contornos de sua fixidez, sem distanciar-se dela. Ele reconhece que a natureza é como ela é, simplesmente ali, todavia mantém suas mãos nela e conhece o corpo dela através das pontas dos dedos. Ele está íntimo, concreto, próximo, abandonando a percepção direta visual do olho, a qual promove distância.

Através do toque, Perseu obtém a cabeça da Medusa, sua essência, e pendura-a em suas costas, apoia-se na sua imobilidade, sua eterna visão semelhante à morte. Com esse apoio, ele está protegido das górgonas. Está protegido porque está apoiado por uma visão que vê a imobilidade, a estase, a pedra em todas as coisas. Se alguém pode experimentar a estase, pode sustentar-se com tal visão, então o movimento é possível, porque o movimento é também a natureza dela, é parte de sua própria imagem – sua cabeleira eternamente retorcida.

Entrar na caverna da Medusa é como ir para um lugar obstruído, o humor congelado, o complexo no qual nada se move, o vínculo incestuoso e, aí, sentir essas coisas, senti-las em detalhe nos próprios dedos, tocando; e, através do toque, discriminar, conquistar sua cabeça, sua essência. Com esse apoio, o movimento acontece e as coisas se animam.

Nesse momento, Pégaso emerge do corpo sem cabeça da Medusa: o grande cavalo alado ascende. Chegamos à nossa imagem final – uma imagem da mais poderosa animação. Mencionamos antes como a Medusa foi uma vez um cavalo e que nessa forma de cavalo fez amor com Poseidon no templo de Atená, e que, devido a essa transgressão, Atená tornou a Medusa horrorosa. Pégaso é o descendente daquela cópula no templo, o que evidencia que não apenas a Medusa foi amaldiçoada com a feiura, mas também Pégaso foi capturado, aprisionado dentro dela, trancado dentro dela como um espírito aprisionado na matéria.

Nesse caso, o espírito é um animal, um cavalo, a besta energética da civilização, o cavalo de força. Será que nossa consciência Atená, com todo o seu domínio dos animais (ela inventou a rédea), perdeu contato com o próprio animal em si? (O animal dela, a coruja, é vidente por excelência, o próprio órgão – olhos – inadequado para o problema da Medusa.)

No momento em que Atená amaldiçoa a Medusa por sua sexualidade bestial, equina, no templo, teriam aquelas coisas materiais inferiores, as mais velhas deusas (porca, mãe fálica, Greias, Medusa) – aquelas criaturas míticas mais primordiais e básicas do mito, aquelas que sustentam e são o segredo da estase e da animação –, sido amaldiçoadas, perdidas e congeladas para a nossa percepção?

Asas: existem asas em Pégaso. Ele é asas com o corpo de um cavalo. Dentro da imóvel petrificação da Medusa, movendo-se em suas profundezas, encontramos o poder do ar, um magnífico cavalo que nos carrega com a velocidade do pensamento. Aqui estão mente e imaginação que são também tendão, flanco, músculo e crina. Um garanhão fálico, uma égua prenhe erguendo-se no ar. Aqui existem asas além das abelhas, das borboletas e pequenos anjos querubins – asas que pisoteiam e resfolegam, que empinam e galopam. Assim, no interior das profundezas da natureza, em sua matéria, encontramos um corpo de ar; dentro da estase, encontramos movimento; naquela terrível imagem de parada há um bater de asas, um poder animal no ar insubstancial.

10 Sobre a redução*

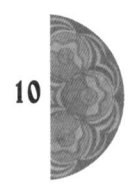

"Foi um grande erro de Freud ter dado as costas à filosofia"[1]. Assim acusa Jung, e assim fazendo traz para si "a bebida agridoce da crítica filosófica"[2] como um teste perpétuo, indispensável para se fazer psicologia. Ao permanecer crítico, Jung nunca parou de fazer psicologia, mas nós sim – na medida em que nos contentamos com as pilhas de amplificações, com o encaixe de mais e mais casos em nosso quebra-cabeças idêntico, com as reiterações automáticas sem, ao mesmo tempo, ou ocasionalmente, darmos lugar ao agridoce da crítica. É curioso que Jung use a palavra *filosofia* para esta atividade. Não poderia ele, tão facilmente quanto, ter dito psicologia (isto é, um psicologizar de sua própria psicologia), uma autorreflexão, ou conscientização? – palavras com as quais estamos todos familiarizados e que consideramos adequadas a nosso campo. Provavelmente não as utilizou exatamente por isso. Ele precisava de uma palavra fora e abaixo de nosso horizonte conceitual. Jung continua:

---

* Publicado originalmente na Revista *Spring*, 1973.

1. OC 4, § 774.
2. Ibid.

> [...] a crítica filosófica me ajudou a enxergar que toda psicologia – inclusive a minha própria – tem o caráter de uma confissão subjetiva... Sei muito bem que cada palavra que pronuncio carrega consigo algo de mim – de meu eu único e particular com sua história particular e seu próprio mundo particular. Mesmo quando lido com dados empíricos, estou necessariamente falando de mim mesmo[3].

> É talvez aqui, quando surge a questão de reconhecer que toda a psicologia, que é o trabalho de um homem, está colorida subjetivamente, que a linha divisória entre Freud e eu está mais nitidamente traçada.
> Uma diferença adicional me parece consistir do fato de que eu tento me livrar de todas as premissas inconscientes, e portanto não criticadas, sobre o mundo em geral. Digo "tento", pois quem pode estar certo de ter-se livrado de todas as suas premissas inconscientes?[4]

Dessas citações podemos perceber agora que aquilo que Jung entendia por "filosofia" nesse contexto específico não são necessariamente suas características lógicas e racionais mas, ao invés disso, um questionamento básico e, mais importante, um questionamento tortuosamente consumido pelos próprios constructos que se propõe a examinar. E é esse psicologizar de sua própria psicologia (pois penso que agora podemos chamá-lo assim) que declara ser a *maior* diferença entre ele e Freud! É com esse espírito crítico de Jung que nos voltamos para a ideia de redução.

---

[3]. Ibid.
[4]. OC 4, § 775-776.

Usamos o termo descompromissadamente para nos referirmos "ao que Freud fez", aquela investigação retroativa distintamente factual, simplista e causal que aprisiona a personalidade em eventos infantis e impede movimentos para frente rumo ao espírito. A redução tende a significar um conglomerado familiar de causal com factual e com concreto (material), uma diminuição dos números (de muitas considerações para poucas), um movimento no tempo (para trás) e na direção (para baixo), para longe do espírito (evidentemente, seu oposto).

O processo redutivo soa distintamente sinistro, sem esperança, e tão junguiano. Ainda assim, Jung assume sua necessidade[5]. De que se trata essa aparente contradição? Encarar a contradição em seu valor nominal seria nos tornarmos aquilo que consideramos freudiano com relação aos "aspectos freudianos" de um caso (e bem no pior sentido, já que, ao empregarmos o método freudiano retalhadamente como junguianos, falta-nos as bênçãos daquela ortodoxia), e então nos tornarmos junguianos quando depois queremos lidar com o espírito, fazendo da psicologia junguiana uma disciplina fraca, valiosa apenas depois que a redução freudiana terminou,

---

5. Cf. redução: como ferramenta cáustica, OC 7, § 65-66; para resolver a transferência, OC 16, § 286, OC 7, § 96; para neuroses severas, OC 16, § 24; quando o sentido é consciente e a dificuldade insconsciente, OC 7, § 68; à base filogenética e processos elementares, OC 6, § 852, OC 16, § 282; à realidade, OC 6, § 427, OC 7, § 88, OC 8, § 46; ao primitivo ou natural, OC 8, § 93-95,109, OC 4, § 679; a instintos "simples", OC 16, § 40; à juventude, OC 7, § 88; como percepção da sombra, OC 16, § 146; como sonho, OC 8, § 496-498; como antecedentes do sonho, OC 8, § 452; como nível "objetivo" do sonho, OC 7, § 128. Cf. tb. causal.

quando o sentido é importante e a inflação não for mais uma consideração. Mas a inflação é algo a se considerar sempre, assim como é o sentido. O espírito não significa nada quando desconectado de seu lar na psique, e a psique, nada quando privada de suas raízes na matéria. Se não vamos ser freudianos com respeito a todas as áreas que Jung disse necessitarem de abordagem redutiva, o que precisamos é de um modelo junguiano de redução. Mas, para nos aproximarmos dele, precisamos primeiro nos livrar de algumas coisas.

Redução *versus* concretismo

Um aspecto do conglomerado que consideramos redução tem a ver com o que é concreto. A redução pode nos mover para o que é perceptível, "coisas," pedaços de vida vistos como fatos e eventos externos. Se secretamente sentimos que a resposta para nossos problemas e aqueles dos nossos pacientes está na descoberta de um fato escondido em torno do qual nossa vida gira, então a meta de nossa redução é o concreto. Mas se, por outro lado, nosso pressentimento é que o problema é de ordem diferente e que não está necessariamente enterrado num fato, então estamos noutro caminho e, o que é mais estranho, o mesmo caminho em que estava Freud quando descobriu que as seduções eram psíquicas em vez de eventos reais. Freud ficou humilhado quando ficou evidente que as seduções relatadas a ele por suas pacientes, e a respeito do que ele tinha elaborado tanto, podiam certamente não ser a causa decisiva de suas neuroses e que podiam até nunca ter acontecido. Contudo, depois que passou a primeira onda de seu fracasso, ele pode confidenciar:

Não conte em Gate, não torne público nas ruas de Asquelom, na terra dos filisteus, mas cá entre nós, tenha a sensação de vitória, não de fracasso[6].

A percepção de Freud não só foi uma importante vitória para o futuro da psicologia, mas é também extremamente notável a metáfora em que ele a coloca. Se os filisteus irão se deleitar com seu fracasso, irão se vingar da vitória, então é melhor não lhes contar. Pois foi uma vitória, e sobre os filisteus. Por alusão, Freud parece ter reconhecido que os eventos concretos podem ser tão inimigos do *insight* psicológico quanto o senso comum dos filisteus era contrário à emergência do espírito. Psicologia e fato, e portanto espírito e filisteus, nesse momento da percepção de Freud separam-se. Mas podemos tirar uma conclusão ainda mais significativa da descoberta de Freud: o filisteu como uma entidade psicológica, um modo de percepção arquetípico, aquilo a que os filósofos se referem como "o homem de bom-senso" ou o "homem comum". Esse padrão arquetípico justifica as coisas em termos delas serem "muito naturais", "nada-mais-que", feijão-com-arroz, pés-no-chão, factual, prático. O perceptivo, o material, para esse ponto de vista seriam os "fatos reais" da vida.

Mas antes dessa percepção psicológica de 1897, e de muitas formas também depois, Freud procedeu como um filisteu intacto, sem consciência de seu funcionamento. Era "muito natural" que ele tomasse os relatos de seus pacientes de modo literal. Nesse caso, foi só depois que os eventos não mais fa-

---

6. JONES, E. *Sigmund Freud, Life and Work*. I. Londres: Hogarth, 1953, p. 294. Cf. tb. 2Sm 1,19-20: "Ah, ornamento de Israel! nos teus altos fui ferido. Como caíram os valentes! / Não o noticieis em Gate, não o publiquei em Asquelom, para que não se alegrem as fihas dos filisteus, para que não saltem de contentamento as filhas dos incircuncisos".

ziam sentido ao próprio filisteu – os fatos simplesmente não faziam sentido – que Freud foi forçado a admitir um fracasso que pareceu na época seu próprio fracasso (suas esperanças de sucesso e fortuna foram "arruinadas"[7]) e a mover-se rumo a seu verdadeiro sucesso: a fundação da psicologia profunda.

Aquilo a que Freud aludiu como consciência filisteia foi geralmente tratado de modo desenvolvimentista. No curso do tempo, a humanidade desenvolveu-se a partir desse modo de pensar primitivo e concreto rumo a um pensamento mais abstrato, mais independente. Mas se, como sugerimos, o filisteu é também um arquétipo, então devemos esperar seu contínuo reaparecimento. Freud não se livrou dele. Para Jung, Freud até se tornou ele.

As objeções de Jung ao reducionismo mecanicista de Freud atestam a luta do próprio Jung com o filisteu, ainda que agora através do trabalho de Freud. A luta era adequada, pois o bom-senso ao qual o filisteu reduz todos os eventos é necessariamente um inimigo da emergência do espírito psicológico – de Freud, de Jung, de quem quer que seja. Mas certamente não podemos dispensar o modo concreto. Afinal de contas, ele é uma função necessária da qual dependemos para nossa orientação básica e também para todas as situações nas quais a ação é mais importante que a mente, quando fazer é mais importante que refletir, quando o objeto é mais importante que a imagem, a prática mais importante que a teoria, o perceptível mais importante que o reflexivo. Mas se esse modo concreto é arquetípico, também o são as batalhas nas quais está envolvido. Aprendemos fazendo, ou nossas ações são consequência de termos primeiro pensado? Teorizamos

---

7. JONES, E. Op. cit., p. 293.

a partir do observável, ou observamos com base em nossas teorias? O que vem primeiro é uma questão de preferência filosófica e arquetípica. Que modo arquetípico é de fato mais básico, mais "real"? E, claro, cada um de nós termina com suas misturas específicas, tal como o empirismo-*cum*-platonismo de Jung, ou o materialismo-*cum*-mitologismo de Freud. De alguma forma a psicologia percebe que coerência lógica desemboca em teoria falaciosa.

Portanto nosso problema não é coerência, mas, em vez disso, uma conscientização psicológica com relação a que modo estamos usando e quando. No caso do concreto, essa consciência é extremamente difícil, porque no momento mesmo em que percebemos que é aí que estamos, de que agora estamos concretos, já estamos em parte fora, em parte metafóricos, relativizando nosso ponto de vista. O indicador de procedimentos concretos é a total ignorância de tê-los usado: simplesmente *somos*, as coisas simplesmente *são*. Para sermos concretos, temos que ser idênticos ao procedimento que estamos usando, ao ponto de vista em que estamos. Além disso, como qualquer problema ou perspectiva arquetípica, quando o modo concreto mistura-se com outros procedimentos igualmente válidos, ele funciona em detrimento deles. Mas o modo concreto é particularmente nocivo à psicologia, especialmente perigoso para o espírito, pois ele é por natureza antipsíquico e antiespírito. Para Freud, era um robusto Golias que não tinha bom-senso. Mas qualquer que seja a forma em que apareça, a questão é podermos localizá-lo e atacá-lo – sem cessar, parece, se estamos interessados em psicologia profunda.

Também Jung evoca os filisteus quando se refere ao "desafio de Jesus a Nicodemos":

> Não pense de forma carnal, ou serás carne, mas pense simbolicamente, e então serás espírito [...] pois Nicodemos permaneceria preso a banalidades se não tivesse conseguido elevar-se acima de seu concretismo. Tivesse ele sido um mero filisteu [...] (OC 5, § 335).

Especialmente para o espírito, o perigo do concreto é sua inércia, sua puxada gravitacional para baixo em direção à matéria com a atitude do "natural". É compreensível que muitas tradições religiosas tenham enxergado a matéria como negra e sem forma, o oposto da luz (Dalila é popularmente entendida como uma filisteia); a carne como pecadora; o touro tendo que ser derrotado; o Egito requerendo êxodo, e daí por diante. O filisteu de fato teve um papel importante na história da Igreja – tão importante que, nas contínuas tentativas de expurgá-lo, muito do concreto foi lançado para fazer-lhe companhia. O animal, o corpo, o escuro, o sensual, o feminino – tudo isso perdeu significado psíquico. Não se fez nenhuma distinção entre o meramente concreto e a atitude concreta, a que podemos melhor chamar de literalismo.

Literalismo

Já que nossa meta é a psique – e psique tem tanto a ver com matéria quanto com espírito – não podemos brigar com o concreto enquanto tal. O corpo, os objetos, o perceptível e o sensível, os fatos, as imagens são todos a *prima materia* sobre a qual, e mesmo dentro da qual, a psique opera. Ao invés disso, brigamos com o literalismo que toma esses objetos em seu valor nominal, roubando-lhes seu valor metafórico, ou seja, sua significação para a alma.

Quando está em casa, em sua própria terra – a terra do concreto, da natureza, das coisas como elas são –, o filisteu tem um valor arquetípico de sobrevivência. Mas quando é confrontado com os hebreus (leia-se o espírito religioso ou psicológico), cuja *opus* é contra aquela natureza, o filisteu se torna então o inimigo. Ele aplica suas atitudes concretas onde elas não são adequadas: isso constrói o literalismo.

Um resultado infeliz é que esse literalismo então bloqueia o caminho para o concreto. Ao nos aproximarmos do concreto, encontramos ao invés o literal. O corpo, por exemplo, torna-se então apenas o corpo, e perdemos sua natureza metafórica. O verdadeiro pecado da carne está em interpretá-la literalmente, "apenas corpo", não na própria carne. Então, ao evitarmos o pecado, como o instinto espiritual necessariamente faz, acabamos perdendo também o corpo. Daí nossa contínua necessidade de redimir o corpo daquele literalismo com o qual ele é percebido, de libertar a matéria de um falso espírito, o que se reverte em libertar o espírito da matéria. Já que o filisteu segue literalizando a matéria, somos levados a lutar com ele lá, na matéria, para redimir a matéria, enquanto que o pecado é o literalismo no qual ele a enclausurou. Portanto, é até mesmo difícil descobrir a matéria apropriada com a qual começar, difícil retornar à natureza, ao corpo ou a qualquer coisa concreta sem retornarmos também à atitude literalista.

Uma imagem final do *Banquete* de Platão pode tornar essa questão mais clara. Sabemos que Sócrates é um amante, um beberrão, e um soldado. Ele pode desfrutar e suportar o concreto. Além disso, na passagem que tenho em mente, Alcebíades compara Sócrates a uma estátua de madeira de um Sileno, aquele sátiro bastante concreto. Ainda assim, quando as pequenas portas que dão para essa figura são abertas, revelam-se as imagens dos deuses lá dentro[8]. A atitude literalista vê o sátiro e para por aí, perdendo os deuses lá dentro. Mas uma vez que enxergamos através da representação literal, o corpo concreto é ele mesmo uma metáfora.

É curioso que quando o concreto é negado, como no caso da negação espiritual do corpo, das imagens, dos sentidos, um concretismo (ou literalismo) aparece em seu lugar dentro do próprio espírito. Não só o corpo, as imagens ou os sentidos, que são suficientemente inocentes e suficientemente úteis como modos do concreto, ficam carregados do peso literalista antiespírito e antipsique, mas também o modo concreto é deslocado para cima, criando literalismos do espírito. Essa é a vingança do filisteu. O concreto que foi conquistado volta como literalismo. Esse literalismo aparece como pensamento reificado, ideias hipostatizadas e substâncias metafísicas, e no investimento da religião na letra de seu dogma.

Daí a luta da vida inteira de Jung para separar suas ideias das formas hipostatizadas de Platão, assim como das substâncias dos metafísicos. O objetivo de Jung era manter a psique livre tanto da esquerda, a literalização de Freud da sexualidade, quanto da direita, a hipostatização dos metafísicos. Sua linha passou a ser aquele caminho mais sutil da metáfora, ainda não mapeado pela psicologia.

No espírito desse "como-se", Jung insistia que víssemos seus arquétipos como "possibilidades" psíquicas, uma insistência significativa em face das reificadas "memórias" arcaicas de Freud. Mas a desliteralização de Jung a que mais nos referimos aparece em seu tratamento da questão edípica. Para Jung, a sexualidade, à parte sua função natural concreta, era

---

8. PLATÃO. *Symposium*, 215bss.

psicologicamente significativa em seu aspecto simbólico. Metaforicamente, o incesto tinha a ver com "a união com nosso próprio ser... simplesmente a união de semelhante com semelhante, que é o próximo estágio no desenvolvimento da ideia primitiva de autofertilização"[9]. Isso não quer dizer, é claro, que ele estava defendendo o incesto; em vez disso, ele estava distinguindo sua interpretação metafórica da literal. Sobre a questão do tabu do incesto, Jung respondeu com um argumento antropológico, uma resposta concreto-literal, colocando portanto o filisteu em seu lugar arquetípico próprio, o campo das considerações práticas[10].

O que Freud queria dizer com filisteu, Jung elaborou em termos do pensamento primitivo. "O pensamento e o sentimento primitivos são inteiramente concretos; estão sempre relacionados com a sensação. O pensamento do primitivo não tem uma independência, mas inclina-se aos fenômenos materiais"[11]. No funcionamento primitivo, os símbolos não se distinguem da consciência dos objetos. Os símbolos são literalizados. O que para o "primitivo" *é*, para nós se torna o sofisticado *como-se*. O "primitivo" aparece no natural. Então, quando sentimos nosso ponto de vista "natural" emergindo, nossas explicações "é-muito-natural", devemos também olhar para o primitivo *é* subjacente, o literalismo escondido ao qual ele se liga.

O bebê inocente na floresta, as donzelas nínficas, os espíritos da natureza – *trolls*, elfos, anões, dáctilos – nos trazem não apenas faíscas da consciência natural, mas também qua-

---

9. OC 16, § 419.

10. OC 5, § 217.

11. OC 6, § 697.

lidades literais escondidas. Eles carregam não somente a libertação de um complexo, mas, de alguma forma, sua fixação. A magia do espírito da floresta tem a ver com a magia do pensamento primitivo, aquela atitude literalista que liga a psique a eventos e sinais físicos. Quando sonho com o pequeno anão malandrinho, ao despertar encontro novas percepções, *insights* rápidos, faíscas intuitivas. O mundo assume um sentido de magia e de aventura de contos de fadas. Pulo de uma tarefa a outra como que encantada, e os eventos mais singelos ou menores assumem significação psíquica. Vejo sincronicidades e sentido em tudo. Mas a psique e a natureza concreta se misturaram num estado narcísico, de forma que não só eu sou o mundo, mas o mundo sou eu, e a própria psique assume uma forma tão literal quanto os objetos concretos aos quais está ligada. O pássaro voando, a carta em minha caixa de correio, a chaleira que ferveu, não são mais apenas fatos concretos, mas agora estão prenhes de pseudopsique. A psique se tornou magicamente ligada a eventos literais nos quais foi descoberta. É como se as possibilidades dadas pelos espíritos da natureza com uma mão, possibilidades da psique, fossem tomadas pela outra mão, a demanda de serem tomadas literalmente. No mesmo momento em que descobrimos a psique, onde antes só havia eventos concretos, de novo perdêssemos a psique para os mesmos eventos, agora tomados literalmente.

A voz em nós que diz: "mas isto *é* do jeito que é!", Jung alinharia com o primeiro e mais primitivo nível da psique, enfatizando assim seu propósito inicial, autoprotetor. Por conta dessa voz, nós sabemos quando correr, a quem evitar, que *há* um lá-fora com que temos que nos haver. A dificuldade, no entanto, é como aquela com o filisteu, a imagem que usamos para o primitivo de Jung. Aquilo então que manejamos de forma mais sutil, mais metafórica, é tomado como tal por essa voz literal. Quando essa voz se apresenta em sua forma mais patológica, escutamos vozes de verdade, temos visões de verdade, tomamos como "verdadeiras" nossas fantasias e projeções. Como um exemplo disso, Jung menciona o primitivo que sonhou que era queimado vivo e que, para apotropaicamente evitar essa má sorte, põe seus pés no fogo e queima-se seriamente[12].

Essa inabilidade de tomar o sonho se não literalmente, e assim agir concretamente para evitá-lo, mostra eloquentemente como o literalismo constrói uma circularidade, levando-nos exatamente para a situação que, por meio de literalismo, buscamos evitar. Isso acontece sempre que tomamos o perigo num sonho como um aviso literal e agimos para evitá-lo. Como com o primitivo, tal literalismo leva a uma cadeia de estragos. Quando evito aquela pessoa que constela o pior em mim, aquilo que ela representa constela-se o mais literalmente possível em minha psique. Reforço a qualidade literal dessa constelação psíquica (e toda constelação tem seu lado filisteu), tornando maior a possibilidade de eu atuá-la literalmente, e então tenho que aboli-la com um fator oposto e até mais literal de forma a manter a ameaça inicial em suspenso. Daí essa abolição tem também que ser abolida. Daí prossigo com uma cadeia de literalismos usando os sonhos erroneamente como guias para minhas ações.

Já que, como dissemos, qualquer constelação psíquica tem seu aspecto literal e pode ser tomada literalmente, o problema na terapia se torna reconhecer e discriminar o arqué-

---

12. OC 8, § 94.

tipo literal. Mas a tarefa não é fácil, basicamente porque o homem comum literalista também tem o que dizer sobre o que é a psicologia e sobre o que é ser psicológico. Contudo, consideremos um exemplo: o problema da vez, o problema que "clama por uma decisão". Uma vez que querer uma decisão já lança a situação em termos literais – devo ou não devo? – o curso natural seria lidar com o problema dentro do âmbito que ele colocou para si mesmo. Então podemos discutir o problema com nosso analista, ou melhor, conosco mesmos, trocando literalismos entre partes da psique, dando-nos opiniões tiradas de experiências passadas ou de conselhos práticos – tudo isso teria a ver com a visão filisteia do que é psicológico. Esse autoaconselhamento faria referência especialmente aos fatos: finanças, prazos, vantagens e desvantagens – meu jantar de ontem à noite, a visita de minha mãe, minha situação econômica.

Outra alternativa seria recusar-se a uma decisão totalmente, manter que a psique não tem nada absolutamente a ver com as decisões literais da vida. É provavelmente a isso que a psicanálise se refere com sua regra de que nenhuma grande alteração na situação de vida do paciente seja tomada durante o período de análise. Um casamento, um divórcio, uma mudança de trabalho seria, nesse momento, meramente uma atuação (*acting out*).

Enquanto que o primeiro desses caminhos de abordagem de um problema de decisão identifica vida com psique, de forma que trabalhar na vida e resolver seus problemas mantém a ilusão de se estar trabalhando na psique, a segunda posição coloca a vida em oposição à psique, mantendo que não têm nada a ver diretamente uma com a outra. Ambas essas posições tornam a vida literal, e ambas negam o metafórico, portanto ignorando a afirmação de Jung de que "toda a interpretação permanece necessariamente um 'como-se'".

Há ainda uma terceira alternativa. Seria recusar a discussão prática do problema até termos o sonho certo, e então conectar o sonho ao problema. Aqui sentimos estar sendo verdadeiramente psicológicos, conectando vida e psique. Mas vejamos com um exemplo como isso poderia funcionar.

Digamos que eu seja uma americana na Europa tentando, mais uma vez, decidir se volto ou não para a América. Se tivesse tido um "sonho positivo" com um índio americano, isso me diria para voltar. Mas exatamente aqui o literalista vence, pois fez do sonho um oráculo. Como um primitivo, ele magicamente confundiu metafórico com literal. E, mais importante, insistiu que o sonho, seja por sua confirmação ou sua negação, deve corresponder a uma realidade literal. O sonho deve servir ao problema; o metafórico deve fornecer uma resposta ao literal. A psique foi forçada a servir as preocupações do filisteu. Isso ocorre mesmo quando menos percebemos. Por exemplo, quando digo que não posso ir em frente com esse plano, esse trabalho, esse relacionamento porque meus sonhos não me deixam, sinto que estou sacrificando o externo por causa do interno. Mas estou lendo o interno como uma confirmação, um aviso ou uma negação do externo. E a perda real não são os planos, o trabalho, o relacionamento – mas a psique.

O literalista não só absorveu meu dilema – devo ou não devo? – em seu valor nominal, mas também privou minha psique de sua dignidade. Ele não respeitou a psique como uma função tão válida por si mesma em cada momento quanto o ego com suas decisões. Dar à psique seu valor seria reconhecer o literalismo (o problema de decisão) como o reflexo de uma fantasia, um modo como a fantasia está se expressando. Porque a fantasia foi tomada pelo literalista, quero agora saber o que *fazer*, falando praticamente. Penso que este é meu problema, já que o literalista sempre pensa que *suas* preocupações são o problema. O próprio processo de tomada de decisão beneficia o literalista, confirma-o, e o torna mais forte. São negligenciados os valores psicológicos nas metáforas "América", "lar", "voltar" (tanto no sentido do regresso quanto no sentido do retorno), talvez tanto quanto seus polos opostos de "exílio", "estrangeiro", "alienígena", "fora do rebanho" (e todas as patologias neles inerentes), sem falar do "cruzar o grande oceano"!

O ponto é encontrar o pano de fundo metafórico, o contexto a partir do qual emergiu o literalismo, para de fato enxergarmos o literalismo psicologicamente – e, assim desliteralizando-o, retorná-lo à psique. Como Perseu, temos que enxergar essa Górgona através de um espelho, pelo reflexo da metáfora, ou nos tornamos nós mesmos a Górgona, juntando literal com literal e assim negligenciando a indireção reflexiva do psicológico.

Depois dessa hora analítica consigo mesmo, o literalista se sente, é claro, vagamente insatisfeito. Ele esperava sair com uma lista clara de razões a favor e contrárias a fazer do índio no sonho uma "coincidência" mágica, que portanto resolveria o problema. Mesmo assim, de alguma maneira esse homem comum também foi aliviado, sua natureza ferrenha foi suavizada e tornada mais flexível; o peso da identificação egoica que o sobrecarregou mudou-se para uma base mais ampla, mais fértil e metaforicamente mais substancial.

Parte da grande dificuldade que temos com o literalista é que ele opera relativamente e portanto não pode tão facilmente se definir. Ele não diz sempre as mesmas coisas ou tem sempre os mesmos pontos de vista. Ele aparece menos nas definições literais, e sim numa atitude literalista que pode migrar de um aspecto da psique a outro. Vemos isso em nossas interpretações do ego onírico.

Dada uma certa sofisticação, provavelmente o modo mais concreto no qual um intérprete pode resvalar é encarar o ego onírico como idêntico ao aspecto mais literal do ego desperto: ego onírico = Eu. (Não devo viajar neste final de semana, pois sonhei que estava num acidente de carro.) Um segundo nível de interpretação seria distinguir o "Eu" desperto do ego onírico. (Neste sonho meu ego está fazendo tal e tal – não Eu, mas meu ego.) Nesse caso, o "Eu" que trabalha com o sonho ao menos tem um ponto de reflexão acima e fora daquele do ego onírico. Um nível de desliteralização um pouco mais avançado tomaria esta específica reflexão onírica como uma atitude, ou um dos tantos disfarces, do ego. (Meu ego está aqui se comportando em seu papel de criança mimada, pai afetuoso, general de sucesso, ou o que quer que seja.) Mais ainda seria enxergar que aquele disfarce específico é o resultado do jogo da cena onírica, que depende dele, e que a realidade do sonho se dá apenas em termos de seus participantes. Quando meu ego está fazendo isto e aquilo, então a cena do sonho é especificamente tal e tal, e seus participantes estão constelados de uma certa maneira. A questão aqui é perceber o contexto dentro do próprio sonho, o específico prolongamento das relações entre as partes. Retirar da constelação do sonho quaisquer preceitos comportamentais ou "deveres" seria novamente tomá-lo literalmente e fora de seu próprio contexto metafórico, negligenciando a tarefa psicológica real: expor e analisar a constelação, afiar e preencher a metáfora que a psique apresentou, e resistir às previsões empobrecedoras, as tentações do filisteu, seu conselho prático.

Rumo a uma redução psicológica

Retornemos mais uma vez à questão da redução. Se o processo da redução deve ser idêntico ao literalismo que vimos discutindo, como supôs Jung ao discutir a redução de Freud, então, já que nosso negócio é psicologia e cultivo de alma, certamente tal redução não nos levaria a nada. Ainda assim, devemos nos perguntar por que Jung – que nunca cessou de enfatizar o "como-se", que defendeu a metáfora contra tantos filisteus, que nunca falou em termos exatos (sua definição de redução) – entretanto falou de fato da necessidade de um processo redutivo. Minha suspeita é que Jung intuiu algo muito mais profundo sobre a natureza essencial desse processo do que era aparente em sua prática. Jung não estava se contradizendo quando tanto enfatizava sua necessidade quanto negava seus métodos. Será que ele estava percebendo outro tipo de redução, sem literalismo e mais de acordo com sua própria psicologia?

Seu trabalho alquímico posterior certamente retornou Jung à redução. Ali mergulhamos naquilo que foram as sementes de sua intuição anterior. Nesse momento, Jung não menciona mais o termo redução, com suas associações freudianas, como uma ferramenta da análise. Talvez seu tipo próprio de redução já tivesse aberto caminho em seu pensamento, por meio dos conceitos mais altamente diferenciados da alquimia. Devemos notar a significação redutiva de processos tais como *mortificatio, putrefactio, separatio, calcinatio, coagulatio*. Tais reduções têm muito pouco a ver com literalismo, embora suas metáforas básicas envolvam substâncias concretas. Em uma passagem notável, Jung até mesmo usa o termo redução como sinônimo da ideia psicológica de síntese: "A meta da *tetrasomia* é a redução (ou síntese) de um *quaternio* de oposições à unidade"[13].

Se a redução no sentido freudiano tem a conotação de um retorno aos começos, um voltar no tempo até a infância, a cena primal, o Complexo de Édipo, os traumas básicos e as fixações libidinais, a alquimia vai rumo aos começos – os elementos de raiz ou *prima materia*, em alguma de suas tantas formas. Entretanto, uma diferença básica aparece bem no uso da causa. O uso de Freud é mais literal, mais mecânico, mais no sentido da *causa efficiens*. A psicanálise nos leva de volta no tempo, através da verdadeira história de vida, em direção a causas enterradas nos primeiros anos. A redução é tomada literalmente como redução, levando de volta ou levando de novo, no sentido de que atravessar os mesmos eventos de novo poderia nos libertar deles. A redução alquímica, em vez disso, move-se em direção à *prima materia* no coração do complexo, que não precisa ser vista como anterior no tempo, mas anterior ontologicamente, no seu *status*, seu valor. Esse informe não é nunca totalmente formado e está sempre presente. É como é sempre. Como um núcleo, é a matéria básica daquilo que importa, e é sempre descrito pelos alquimistas em termos metafóricos, termos de estranha perplexidade, de maneira que não podemos confundi--lo com incidentes reais de uma vida real.

Porque todo o processo alquímico está baseado nas metáforas da *prima materia*, também o processo é metafórico, mesmo que aqui nosso homem literal se jogue no trabalho encarando o "processo" literalmente. Dessa vez ele tenta fazer

---

13. OC 13, § 358.

do processo um evento linear no qual cada estágio sucessivo transforma o precedente e, portanto, muito provavelmente o perde. Por causa da inclinação do literalista por "processo", a palavra "complexo" talvez nos dê uma imagem melhor, pois sua definição insiste em um núcleo, um núcleo patológico arquetipicamente baseado ("como-se", metafórico), ao qual adere um número crescente de associações. Nada é superado ou deixado para trás, pois o movimento não é literalmente linear. Em vez disso, projeções são recolhidas, dissociações reunidas, o que nos deixa nos sentindo muito mais doentes do que antes. Se *estamos* mais doentes ou não é outra questão – uma questão de grande interesse para o homem comum dentro de todos nós. Queremos ver progresso e lutar para estabelecer algum critério que responda a essa necessidade. Pagamos dinheiro real e sentamos durante horas reais com nossos analistas e, dentro dessa constelação, esperamos cura real ou melhora real.

Ainda assim, mais cedo ou mais tarde esse literalismo também é quebrado e substituído mais metaforicamente, pois nos *sentimos* mais doentes, talvez porque nosso sentido de doença tornou-se mais sutil. A dicotomia saúde/doença misturou-se num sentido mais altamente diferenciado das patologias da vida cotidiana. Ao desliteralizarmos protótipos diagnósticos, enxergamos sua relevância "como-se" em nossas próprias vidas – nossos mecanismos "como-se" esquizoides ou paranoides, nossas áreas "como-se" de psicopatia ou de respostas histéricas. Isso não significa, de jeito nenhum, desvalorizar as doenças reais descritas pela psiquiatria, mas, em vez disso, enxergá-las como protótipos "reais" com os quais fazemos metáforas. Se não adquiri esse sentido de doença, então ou minha análise não intencionou tocar a patologia (ou arquétipos) de nenhuma forma, ou recusou-se a proceder nessa direção em função de suas ideias literais de redução como algo apenas negativo, apenas destrutivo, apenas freudiano.

A redução dá um sentido de patologia e, ao mesmo tempo, porque foi desliteralizada, torna a patologia significativa. A patologia torna-se a pedra de toque da psicologia. A diferença entre eu e meu protótipo de hospital psiquiátrico torna-se qualitativa, em vez de quantitativa: ela mais literal em sua conexão psíquica, eu mais metafórica. Mas a raiz da questão (nossa questão psíquica) é semelhante. Se permaneço no curso de minha análise, ainda separada de minha doença, encapsulada e protegida, então os benefícios de minha análise, as mudanças em minha consciência, os *insights* devem todos ser questionados e examinados para vermos se eles também não são apenas defesas adicionais, ainda que mais complicadas e mais sutis (e portanto mais insidiosas), minha própria individuação como um sistema defensivo. Mas com certeza se minha patologia parece ter desaparecido, minha análise falhou. E a falha se deve a uma visão errônea de redução.

A redução nos mantém em contato com matéria psíquica primária. Já que como junguianos valorizamos tanto a abordagem sintética, a finalidade, o processo como progressão e as implicações teleológicas da completude, totalidade, tornar-se consciente, função transcendente, há para nós sempre o perigo de perdermos um sentido de profundeza. Se devolvermos a redução aos freudianos, perderemos uma das formas de mantermos essa profundeza. Sem nossa própria ideia de redução, até mesmo os opostos, que para Jung eram um modo de aprofundar, uma maneira de perceber a ambiguidade e a complexidade da vida psíquica, tornam-se ao contrário uma defesa egoica, um modo de balanceamento, e assim um modo de nos mantermos longe das profundezas.

Toda a questão da redução é precisamente que ela vai longe demais, para fora do balanço, às raízes. Sua meta é a umidade radical, o *radix ipsius*[14], o "segredo escondido nas raízes"[15], a matéria-prima à qual nada se opõe, sem opostos, nenhum outro princípio, mas que contém em sua radicalidade sua própria oposição interna. Ir para baixo e para trás apenas porque isso leva para cima e para frente, confrontar o negativo com o positivo (ou vice-versa), ou aplicar um pouquinho de redução como uma técnica terapêutica para "integrar alguma sombra" é talvez uma artificialidade, provavelmente uma simplicidade, e certamente um literalismo. Quando os opostos são encarados dessa maneira, ao aspirante a matemático, selvagemente torcendo fórmulas em seu sótão, é dito que volte à terra e comece a jardinar, ou a viver entre os camponeses nas montanhas cortando sua própria lenha. Se Einstein tivesse "balanceado" sua vida cortando lenha, muito provavelmente o mundo não teria um Einstein. Ele provavelmente teria cortado seu pé, deixando assim a teoria da relatividade girando manca nos céus. Mas suas teorias tinham pé, e tinham base firme; dentro de sua excentricidade funcionavam os opostos, e em benefício do mundo[16]. Segundo Jung, quando uma pessoa viu o problema faustiano, o escape para uma "vida simples" está fora de cogitação. Não há, é claro, nada contra ela alugar um chalé no campo, ou vadiar no jardim e comer nabos crus. Mas sua alma

---

14. OC 12, § 430.

15. OC 13, § 242ss.

16. Que Einstein tenha sido de alguma maneira um "homem simples" não é o ponto aqui nesse contexto, pois qualquer simplicidade que ele tivesse – sabemos que ele não usava meias – seu extremismo permaneceu intacto. Para nós, este é o fator decisivo.

ri da decepção. Apenas aquilo que realmente somos tem o poder de nos curar[17].

Aquilo que realmente somos só pode emergir de nossa própria natureza, não de uma natureza que nos foi receitada.

Pois quando o balanceamento dos opostos é tomado pelo literalista, torna-se uma prescrição *a priori* em vez de uma descrição *a posteriori*, portanto cortando a possibilidade de um desenvolvimento individual, ou singular, antes mesmo dele começar. Quando Jung disse que *les extremes se touchent*, ele não se referiu a um procedimento literal para aplicação prática, tocando cada coisa com um pouco de seu oposto, especialmente porque o oposto de cada conteúdo psíquico não pode ser conhecido antes. Ele é a inconsciência enterrada no próprio estado redutivo. A compensação e o balanceamento pelo oposto – porque estão nas mãos do literalista que tem seu alto de "pronta-entrega" para cada baixo (e baixo para cada alto), seu interno literal para cada externo literal etc. – devem ser evitados até que estejamos bem certos de que o filisteu e suas filhas, e as filhas de suas filhas, todos fizeram uma boa análise. De todos os assombros do homem comum (e ele tem vários, como vimos, tais como processo, primitividade, praticalidade, naturalidade, vida, sincronicidade mágica), nenhum arruína mais o espírito de abertura de Jung do que as escalas pequenas e asseadas da compensação. O literalista maneja os opostos de tal forma a fazer de todos mais ou menos semelhantes a ele, um literalista e um medíocre. O mediano e a média estatística são esse mesmo tipo de balanço apresentado de outra forma. Não são a singularidade do eu que o trabalho de Jung evoca.

---

17. OC 7, § 258.

A psicologia tradicionalmente concentrou seu foco sobre os extremos, o aberrante, o patológico. A redução significaria uma volta a eles. A tradição da psicologia é na área da redução, a área do radical e do extremo: a extremidade de nosso infortúnio, as armadilhas do destino, o não compreensível. Jung fala da desesperança, a resignação no reduzido. E de fato o que parecemos encontrar, ou ao menos esperamos encontrar, através do processo de redução é expresso como negativo: putrefação, mortificação, *nigredo*. Até o fogo da redução é negativo, "pois queima todas as coisas e as reduz a pó: o mercúrio é vinagre"[18], a tintura um "veneno ardente e gasoso"[19].

Aqui, o próprio Mercúrio tornou-se amargo, e não há doçura compensatória.

O extremo da redução é um concentrado de sombra, aquilo que solapa as posições do ego, não importa quão "balanceado", "certo", ou razoavelmente harmonizado. A redução, enegrecendo as sombras do ego, tonaliza de cinza as suas certezas. A ideia alquímica do ouro no estrume é revertida para mostrar o estrume no ouro. Onde houver ouro – cada meta alcançada, cada pedaço de percepção consciente – será também o lugar onde procurar o estrume. O melhor cheira pior. E não estarmos nunca longe do monte de estrume dá também corpo psíquico. Enquanto que todos os ouros se parecem, o corpo psíquico traz discriminação. Cada complexo tem seu próprio cheiro para o nariz do instinto, e assim fabricar ouro requer a ajuda da discriminação redutiva.

O tom negativo da redução ainda precisa ser explicado. É claro, ela pertence à sombra ou inconsciente pessoal, ao qual

---

18. OC 13, § 103 nota.
19. OC 13, § 358 nota.

Jung disse que ela se aplica. Contudo, seu desconforto, dificuldade e extremismo referem-se ao *senex*. Então, nosso tema é oprimido pelo chumbo de Saturno. Devido a esse arquétipo, a redução é inevitavelmente vista como plúmbea, opaca, concreta e literal. Saturno força a redução ao literalismo do sujo, da história, da negatividade, da resignação, da causalidade desesperançosa, da depressão. Até a primitividade do pensamento redutivo pertence a Saturno, que governava no princípio do tempo. Assim como a redução impede o movimento para frente, Saturno engolia seus próprios filhos. Mas se paramos aqui, estamos de novo reduzindo a redução. Pois Saturno também liberta dos próprios literalismos que engendra. Saturno, o princípio da abstração, enxerga através das realidades últimas. Talvez seja isso o que significa a viagem pelas casas planetárias, tanto começar quando terminar em Saturno[20], ou a imagem da pomba branca contida no chumbo[21].

Uma redução psicológica, aquela livre dos literalismos aos quais a redução foi reduzida – concretismo, historicismo, causalismo, freudianismo simplista etc. – seria aquela das operações do trabalho psicológico. Ela iria aos extremos das raízes. Seria um modo de chegarmos ao irredutível, o óleo essencial, a quintessência de nossa natureza, os traços de caráter indeléveis que estão escondidos no refugo de nossa história de caso.

Através desses traços de caráter, envolvemo-nos com os *daimones* de nosso destino e com a *prima materia* do embaraço diário com os problemas literais os quais, porque são *prima materia*, dão à psique a chance de movê-los do literal

---

20. OC 14, § 298-311.
21. OC 12, § 443.

ao metafórico, dando assim corpo e chão, alívio ao próprio literal. A redução renega o fluxo livre e fácil da vida. Traz dificuldades, constrói obstáculos; represa o curso e amortece. Jung tinha em mente a redução literal, e portanto sua meta como natural. Mas quando a redução é vista como metafórica, o fim torna-se também *contra naturam*. Visto metaforicamente, *naturam* e *contra naturam* são um só. Apenas o literal é somente *naturam*; e uma vez que mundo, natureza, corpo e matéria sejam vistos como imagem, sentidos como metáforas, estão na psique transformados. A redução, ao ir ao concreto e ao natural, é a *via regia* da *opus contra naturam*.

11 O treinamento da sombra e a sombra do treinamento*

Sempre achei a sombra a mais difícil das experiências psicológicas, embora se suponha ser a primeira e, então, presumivelmente, a mais fácil. Não é difícil entender a sombra conceitualmente. A ideia está baseada no modelo dos opostos e na noção de Jung do funcionamento unilateral da consciência. O que é fácil entender teoricamente é mais difícil de entender na prática e na experiência. Parte da minha dificuldade, acho eu, teve a ver com minha geração dos anos de 1950 e 1960, cujas identificações conscientes eram incertas, visto que a própria consciência era incerta. A geração a quem Jung se dirigia mostrava-se mais sólida, ainda um pouco vitoriana em suas convicções. Naquela geração, parecia haver uma clara distinção entre o que o ego abarcava e o que a sombra desmanchava. Havia uma luz e uma escuridão. Havia, realmente, Dr. Jekylls e Mr. Hydes.

Na minha geração, estávamos "na estrada" (*on the road*) com Kerouac, lamentando com Elvis, Fats Domino, Little Ri-

---

* Originalmente apresentado como palestra em sessão plenária no VIII Congresso Internacional da Associação Internacional de Psicologia Analítica, em São Francisco, agosto de 1980.

chard; também abraçamos as virtudes da ciência (havia uma corrida espacial e o LSD era um composto químico); éramos idealistas (marchamos por integração racial).

Agora, tudo dessa emocionalidade confusa (pulsação, cientificismo, idealismo) faz da sombra uma entidade complicada. Em primeiro lugar, não existe *uma* sombra, mas muitas (assim como não há um único ponto de vista consciente, mas muitos – todos igualmente válidos, dependendo, sobretudo, do humor e do momento). Estruturas da consciência modificam-se. Aquilo que é relativamente consciente em um momento não o é no próximo. Assim como as fontes das luzes mudam, as posições ou situações também mudam (quando uma luz diferente é lançada sobre as coisas), e então a sombra se perde.

Senti-me melhor sobre esta característica mutante da minha sombra quando me deparei com uma passagem em Jung. Em *Sobre a natureza da psique*, Jung observa que "consciência variável", tal qual ele a denomina, "é algo totalmente característico do homem moderno". Então, afinal, isso não é incomum. Jung prossegue para explicar por que prefere a palavra *sombra* a conceitualizações mais científicas, até mesmo "a parte inferior da personalidade". Segundo Jung, o problema com esses neologismos científico-greco-latinos é que o conteúdo se torna engessado, e se perde então o sofrimento e a paixão que envolvem completamente a pessoa. Ele prefere a palavra "sombra" porque ela é um termo poético, subentendendo uma plasticidade e uma estética, uma herança linguística[1].

Então, a sombra está conectada com a cultura. Não é um termo da psicologia científica ou da teologia moral; mais do que isso, ela é uma ideia imagística. A palavra em si tem

---

1. JUNG, C.G. *A natureza da psique*. OC 8/2, § 409.

conotações sombrias, sendo inexata, não estática, variando com o tempo e em situações diferentes.

Ficando com a descrição poética da sombra em Jung, podemos imaginar que o melhor treinamento para a consciência da sombra seja um treinamento poético ou estético. Não estou querendo dizer necessariamente poesia ou pintura. Nem quero dizer literalmente que um candidato ao treinamento como analista deva ter uma formação acadêmica em artes. Embora eu pense que esta possa ser uma boa ideia, pelo menos nesse momento estou me referindo às artes como uma tela de fundo metafórica contra a qual podemos ver nosso trabalho com a sombra.

Como uma ideia poética (mais do que científica), a sombra é geralmente difícil de ser definida, e, assim como nas artes, leis gerais frequentemente sustentam a verdade. Quando se diz que um bom poema é este e não aquele, temos um problema, visto que em outro poema, em outra situação, o mesmo critério não pode ser aplicado. Além isso, o que é necessário é um olho aguçado para a situação, a forma do trabalho, o comportamento, a ação, o sentimento dentro de um contexto particular.

Quais são as implicações disso quando assumimos essa metáfora estética como pano de fundo para nosso trabalho? A primeira é que nós, como artesãos ou artistas da psique, começamos com percepções particulares, distintas, mais do que com generalizações nas quais as particularidades devem caber. Em outras palavras, no treinamento para a consciência da sombra, incentivamos a percepção estética dos particulares em detrimento do pensamento global, aquele pensamento em categorias amplas e gerais sobre a sombra.

Para o olho estético, o pensamento conceitual obscurece – ou mesmo perde – a sombra. Por exemplo, mesmo que seja teórica e conceitualmente correto considerar a sombra como a parte inferior da personalidade, ou a parte mais próxima do animal e do instintivo, normalmente esse não é o caso em uma situação particular – ao menos não num nível mais aparente. Como Jung frequentemente observou, a sombra pode ser uma parte superior da personalidade, um talento escondido, uma figura mais moral do que o ego. Além disso, não precisa ser animal e instintual, ela pode muito bem ser desincorporada, aérea, rígida, anoréxica.

Outra forma de generalizarmos a sombra, e então perdê-la esteticamente, é pensá-la apenas como um problema moral. Quando buscamos pelo bem e o mal, o preto e o branco, perdemos as cores e os tons. Na pintura, por exemplo, as sombras são na verdade os verdes, os roxos, os marrons, os tons profundos de uma mesma cor – *não* geralmente os pretos. Essas sombras dão forma. Tonalidades fazem com que certas coisas se sobressaiam e que outras se retirem, de forma que (como numa pintura ou numa construção, num poema ou numa face humana) a profundidade, a perspectiva e a substância tornam-se aparentes.

Existe um terceiro modo de perder a sombra esteticamente. Quando características, tipos, complexos e síndromes são conceitos gerais amplos, eles nos levam a perder a sombra em particular. Digamos que a minha sombra em geral seja o sentimento extrovertido, preguiçosa e pretensiosa. Mesmo que seja verdade que todas essas características são minha sombra, elas não me dão de fato a *experiência* da sombra. Pior! Elas ofuscam a possibilidade da minha experiência da sombra. (Se embrulhei tudo isso conceitualmente, penso então que já a experimentei e então presto pouca atenção nela.)

Também aquilo que dizemos aos outros pode bloquear a consciência da sombra. Recentemente, eu disse a um analisando que ele estava capturado pelo complexo materno. É claro que isso foi uma gafe analítica, mas eu estava cansada aquela noite, e sua fala pretensiosa e insubstancial me irritou. Durante toda a semana seguinte, ele só podia enxergar seu complexo materno. Na sessão seguinte, tudo o que tinha lhe acontecido era interpretado por ele como um desdobramento da mãe. Ele me contou uma cena com sua esposa, que o acusou de não dividir as tarefas domésticas, não sair com ela, não a proteger, não lhe dar atenção suficiente. Ele concordou com tudo isso, porque "sabia" que tinha um complexo materno e, então, a discussão parou.

É claro, sua aceitação das acusações, enfraquecendo a discussão, *era* o seu complexo materno. Armado com essa ideia geral sobre si mesmo (infelizmente lhe dada por mim), ele usou a generalidade para evitar perceber ou sentir qualquer nuança ou detalhe acerca de si próprio, qualquer valor ou forma particular da sombra.

A sombra deve ameaçar a consciência e nada *em geral* é de fato ameaçador. Apenas o específico e o inesperado nos atingem duramente. O específico é íntimo (próximo, pequeno, perto). E o inesperado é simplesmente o próprio inconsciente. Então, a sombra vem em momentos específicos e inesperados – quando estou expondo minha alma e também manipulando para ganhar atenção; ou quando sinto amor e um afeto genuíno por meu analisando – e aí percebo que essa é a *minha* necessidade, e que estou prendendo o analisando a mim; ou quando prevejo que um casamento está acabando – e percebo que minha previsão tem um papel no desastre, planejando tudo; ou, na esfera do pensamento, quando falo intelectualmente e de repente me dou conta que estou perdida em minha própria abstração.

Parece haver certo deleite masoquista na consciência da sombra. Devemos gostar desse sofrimento, senão por que fazemos isso? Alguma coisa em nós deve deleitar-se em nossos colapsos. Talvez esse doloroso deleite de perda da certeza seja um prazer estético também – como o deleite de uma boa peça ou um romance, que revira o modo como temos visto as coisas e, através da tensão que isso cria, nos força a uma outra visão.

Então, chegamos à tensão. A consciência da sombra provém da tensão e, novamente, vemos que quanto mais específico ou mais próximo nosso foco nos tons das diferenças, maior é a tensão. É o rosa que se opõe ao vermelho, porque eles estão mais próximos. O azul não se opõe ao vermelho, na verdade o compensa ou o equilibra, prevenindo assim a tensão íntima que contribui para a consciência específica da sombra.

Um exemplo dessas tensões: uma analisanda está excitadamente libidinosa, irracional e liberada em sua vida noturna. Entretanto, em sua vida diurna ela é racional, respeitada e responsável. Esses opostos vermelho e azul ficam lado a lado, equilibrando um ao outro de modo que não há movimento, e assim tornam o trabalho psíquico difícil. Embora os lados azul e vermelho da sua personalidade sejam opostos em grande medida, eles não são sombras eficazes. Não criam tensão, nem fariam um cenário interessante. Um trabalho de tensão psicológica, um movimento de tensão, seria entre suas suaves noções do amor sentimental cor-de-rosa e suas vermelhas noites ardentes. Então, o seu cor-de-rosa e o seu vermelho estariam em tensão.

Essa ênfase estética no particular é como a insistência de Jung no individual – o particular contra o qual ele postulou o coletivo. Jung esquematizou grandes sistemas e organizações; ele desconfiava profundamente das censuras gerais. Como um bom clínico, Jung era um artesão, um esteta.

Até aqui, vimos a sombra contra um pano de fundo estético, com a finalidade de enfatizar sua multiplicidade, especificidade e sutileza. Agora, gostaria de me mover mais diretamente para a terminologia junguiana – na qual o específico é denominado "o individual", o único, e onde o geral ou amplamente concebido torna-se "o coletivo". Visto que o relacionamento com o coletivo é um assunto comum em nossos programas de treinamento, gostaria de entrar em alguns detalhes da noção de Jung sobre o coletivo.

Jung tem três nuanças psicológicas em seu uso do "coletivo". Mais negativamente, o coletivo é a massa, a população, a multidão – a Alemanha de Hitler. Nessa ideia do coletivo, os arquétipos não têm organização, estrutura própria, mas aparecem tiranicamente como compulsão ou massa, energia sem forma. A organização está apartada de e arranjada a partir de cima, pelo sistema e mando ditatorial. A separação é entre um aspecto formado, organizado da psique, em um nível, e uma massa de energia disforme em outro. Podemos ver essa separação em sonhos de analisandos com Hitler, onde uma alta estrutura ditatorial – talvez paranoide – dita princípios de leis para o resto da psique que, como resultado, é uma massa disforme.

A segunda referência de Jung ao coletivo é menos dramática – na verdade, o perigo dessa coletividade está no seu caráter confortável e aparentemente inofensivo. Dentro desses padrões coletivos de adaptação, ou aspectos do individual e do mundo, a consciência aparece sonolentamente inconsciente. Somos conduzidos por padrões sociais habituais, estruturas preestabelecidas – aquelas atitudes e valores com os quais a psique individual realmente não batalhou ou trabalhou. Então, a psique movimenta-se alienadamente em direção a caminhos que outros formaram, o usual, o mais natural, as rotas mais fáceis.

Esteticamente, trabalhar desse modo confortável e natural seria como analisar uma pintura ou poema da maneira mais convencional, com mediocridade, embora talvez com resultados aceitáveis. A chave para reconhecer a alienada coletividade está na uniformidade. As formas, os estilos, as técnicas são as mesmas e estão em sintonia com os tempos, a presente estrutura das coisas, os valores presentes. Todos vivemos de alguma forma desse modo, pois a conformidade libera nossa energia para outras coisas e, além do mais, precisamos desta "atitude alienante" para trabalhar.

O terceiro modo no qual Jung usa o termo "o coletivo" é o mais importante. Essa coletividade é a base do seu pensamento. Nas mais profundas extensões da psique, esse coletivo aponta para a potencialidade humana; é a fonte da criatividade, dos valores universais e das possibilidades arquetípicas. Diferentemente do primeiro coletivo, que aparece na massa, ou do segundo que é meramente conformidade, esse terceiro sentido do coletivo apresenta propriedades inerentes. Num processo de individuação, a psique chega a um acordo e trabalha com essas formas e conteúdos coletivos de forma que, no final (ideal), o indivíduo não é apenas único, mas também está mais conectado com as qualidades do coletivo – as quais

Jung aqui entende normalmente como o compartilhado, o universal, o arquetípico; está em contato com os níveis mais profundos dos outros, assim como de si próprio.

Quando falamos em nossos programas de treinamento sobre a necessidade de manter uma "tensão com o coletivo" – se estivermos nos referindo a esse coletivo mais profundo da comunhão com os outros – então por tensão queremos dizer a mais profunda tensão do processo de individuação, o que requer o sacrifício da estreiteza do ego, do interesse próprio, e da mesquinhez aos valores e preocupações mais amplos. A coletividade nesse terceiro sentido está muito mais conectada com a noção de *Self* em Jung. Na verdade, se "o *Self*" for uma figura isolada em uma torre, ele não é o *Self* de modo algum (mas sim um ego inflado).

O coletivo como humanidade e seus valores compartilhados não tem nada a ver com padronização, sistemas de leis, ou com qualquer noção estabelecida de sociedade. Como um ingrediente do processo de individuação, essa coletividade é conquistada por meio do individual: ela começa com as tensões únicas de uma alma particular. É o trabalho interno de uma psique individual, e o resultado de uma psique enfrentando suas próprias necessidades. Essa coletividade é tanto um processo natural (dado pela natureza da psique, a natureza do ser humano) como um grande trabalho, uma conquista. Relacionar-se em *comunidade* por meio de nossa *individualidade* é então um objetivo do processo.

Mas, repito, para conquistar esse engajamento coletivo, é essencial *começar com o individual*, com o particular. Então, o coletivo mostra-se imediatamente, irrepreensivelmente, com o que quer que se esteja trabalhando. Toda psique está num espaço coletivo, mas esse coletivo é sempre particularizado –

em uma sala, uma família, uma cidade. Em outras palavras, o coletivo manifesta-se dentro de um espaço de significância particular, um espaço que tem importância psicológica. Reconhecemos o coletivo não por uma ideia geral, mas quando de fato ele choca. Para um indivíduo, o coletivo pode aparecer na sua inabilidade de se conectar com a sua família; para outro, pode aparecer como sua inabilidade para falar com o frentista do posto de gasolina, ou ainda como uma inabilidade de usar banheiros públicos. Se olharmos para o coletivo da forma como *esperamos* que coletivo seja, podemos perder onde, na verdade, o coletivo está mais relevantemente presente.

Então, embora tudo exista dentro de um coletivo, é melhor não definir de fora ou de forma genérica o que aquela coletividade de fato é. Sempre que dizemos que o coletivo deve necessariamente ser um conjunto de leis ou estruturas padronizadas, então não estamos mais trabalhando a partir da psique individual e seus processos. Não estamos mais começando com o trabalho e como *o trabalho* enquadra a si próprio. Além disso, ao padronizar nossa noção de coletivo, nos movemos do sentido de comunidade mais profundo de Jung para as noções mais superficiais com as quais a individuação se percebe em conflito.

Acredito que esse conflito ocorria em Jung. Quando ele fez seu veemente ataque contra a padronização do coletivo, talvez não estivesse apenas reagindo contra a Alemanha nazista, mas também estivesse psicologicamente lutando pelo direito à sua originalidade, o que levou à fundação de uma psicologia baseada no individual da realidade psicológica de qualquer pessoa. Aquilo que Freud chamou de princípio de realidade, para Jung – da forma como eu o leio – começou com a realidade *psíquica*, mas prosseguiu além dela.

Essa tensão entre a adaptação coletiva externa (a rota sistematizada e "mais natural") e a descoberta de nosso modo próprio de comunidade é uma dinâmica da sombra – ou melhor, das duas sombras, como se o conflito dentro da própria sombra fosse necessário para gerar tensão psíquica. Uma sombra inconscientemente adaptada e conformada segue a rota mais natural para evitar consciência ou problema. A segunda sombra é uma vilã que perturba, irrita, que não supre, que não está satisfeita com o *status quo*. Essa sombra abraça o particular por amor ao particular e, através dos sintomas, das singularidades e dos lapsos inconscientes incita a psique para o movimento contínuo.

Conectar essas dinâmicas da sombra com questões práticas do treinamento de analistas – um dos assuntos que agora agitam alguns grupos junguianos é exigir que os *trainees* sejam licenciados. Licenciamento é um movimento eminentemente prático, razoável, sensato. A sombra conformista não tem dificuldade de entender as vantagens: pode-se receber referências, pode-se ser respeitado e, então, ser empregado por agências e instituições; analisandos podem pagar através de planos de saúde. Pode-se ter muitos pacientes. As vantagens são tão grandes, que mesmo a sombra vilã gostaria de abrigar-se nisso que é oferecido (melhor para trabalhar a sua maldade). Licenciá-lo também é preferível, mas somente se esse caminho não comprometer seu sentido de estranheza, unicidade e individualidade. Por essa razão, ele pode ter problemas com a psicologia acadêmica, um campo baseado no pensamento científico, no princípio da parcimônia, em generalidades e médias estatísticas. Dentro desse modo de pensar, a sombra vilã perde sua função proposital dentro da psique e torna-se meramente uma variação da norma estatística.

Mas aqui eu também posso ser culpada por generalizar. Na verdade, existem indivíduos para os quais esse tipo de treinamento científico *está* de acordo com suas dinâmicas sombrias, seus processos internos. O verdadeiro problema, suponho, aparece apenas quando essa sombra adaptativa torna-se solar, move-se em direção ao poder e esquece, então, da sua natureza como sombra, isto é, como escura, distinta, múltipla e particular. Quando a sombra reivindica a si mesma como um princípio solar, reivindica seu processo único como lei geral, então obtemos ordem e seus sistemas e redes de leis inflexíveis. Então a auto-organização psicológica é perdida e não mais trabalhamos esteticamente nos níveis profundos da potencialidade coletiva.

Uma das características da sombra tornada solar é que ela enxerga a realidade no mais estridente brilho solar. Requerimentos, regras e padrões aceitos devem ser seguidos direta e literalmente, enquanto que, de um ponto de vista escurecedor e mais sombrio, o mundo está nas sombras. A realidade não é apenas algo com limites claros, mas também coisas múltiplas em nuanças mais suaves. Também existem modos indiretos, sensíveis, enluarados, de movimentar-se através de e num mundo mais imaginativo, mais suave. Não é necessário projetar todas as nossas tensões do coletivo no mundo literal das leis acima. Psicologicamente, podem existir reinos muito mais férteis de tensão.

Um desses reinos, ironicamente, pode ser as tensões que existem entre nós, junguianos. Parece-me que a psicologia de Jung é ampla, complexa e rica o suficiente para sustentar muitas diferenças. Essas diferenças e diferenciações, regional e individualmente, são nossa fertilidade. Agradeço aos céus por Jung nunca ter exposto um sistema claro, sem contradições.

Devido ao fato de sua psicologia ser baseada no processo de individuação, a diversidade é crucial. O grande perigo da nossa disciplina não é onde discordamos, mas onde concordamos, porque onde concordamos é onde não temos a chance de reconhecer a sombra. Onde concordamos, nos tornamos mais organizados, sistematizados – uma entidade coletiva contra a qual Jung sempre alertou.

Para resumir, deixe-me listar algumas implicações para o treinamento:

1) Quanto mais adquirimos leis dogmáticas e sistemas elaborados para nossos programas de treinamento, mais nos movemos em direção à padronização internacional, uma unidade externa na qual todos teremos os mesmos requisitos de treinamento – e mais perdemos nosso valor particular e singular, regional e individual.

2) A fim de melhorar a qualidade no treinamento, podemos cultivar melhor uma percepção mais diferenciada e fina acerca do individual. Nossa ênfase atual sobre a quantidade no treinamento (exigir cada vez mais número de horas) não se faz necessária. Na verdade, o pensamento quantitativo pode ser obscurecido pela necessidade real.

3) Como nosso número cresce, nossa necessidade de nos protegermos contra o charlatanismo aumenta. Mas como Guggenbühl pontuou, o charlatanismo está em todos nós[2]. Então, uma melhor proteção contra o charlatanismo é um treinamento que torne essencial uma consciência detalhada e diferenciada da sombra. Anteriormente,

---

2. GUGGENBÜHL-CRAIG, A. *Power in the Helping Professions*. Spring, 1971.

denominei isso de treinamento estético e disse que não significava um treinamento literal nas artes. É verdade, um olho e ouvido atentos para a individualidade e as diferenças podem ser desenvolvidos num trabalho clínico, bem como através de um treinamento nas artes ou ciências humanas. De fato, essa percepção poderia ser desenvolvida em várias diferentes disciplinas educacionais, ou mesmo longe delas. O que estudamos pareceria menos importante do que aquilo que nosso olho desenvolveu. Além disso, visto que a sombra origina-se em cada postura ou posição, é crucial para nós discordar e diversificar.
4) Se mantivermos as diferenças individuais sempre conosco, em nosso treinamento e entre nós mesmos, então essas diferenças não serão forçadas a coagular-se e a separar-se. O que está na verdade acontecendo quando há ênfase na unificação e padronização é a constelação de um contramovimento. Falar de uniformidade é destruir a nossa unidade. Para a mente junguiana, uniformidade e unidade não se misturam facilmente.

Se concordamos em divergir, ou seja, se concordamos sobre a individualidade, promovemos uma ligação muito mais forte entre nós – uma ligação baseada não tanto em um tipo de sombra promovida à consciência solar, com seus programas e procedimentos resultantes. Concordando em divergir, muito provavelmente manteríamos nossa unidade, visto que nossa verdadeira comunidade junguiana está enraizada em cada um de nós como indivíduos.

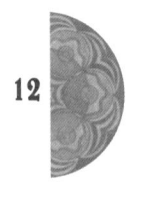

12 Regras básicas: rumo a uma prática de psicologia arquetípica*

Outro dia me perguntaram se ainda me considero uma psicóloga arquetípica. A pergunta me surpreendeu. Como não? Eu estava nos primeiros momentos, antes mesmo da psicologia arquetípica ser chamada de psicologia arquetípica – primeiro como estudante e adepta, depois como *soror mystica*, indo na direção dos extremos junto àqueles que revolviam essas sementes de ideias. Salamandras, lagartixas, nossas vísceras todas no caldeirão. Eu não apenas sentia que a psicologia arquetípica era eu, eu em parte era ela – com dois pés dentro, toda minha cabeça e montes de saliva.

Ainda assim é verdade que nos últimos anos não andei por aí com os colegas da psicologia arquetípica. Uma das razões de minha ausência é que, enquanto a discussão arquetípica focalizou-se cada vez mais nas ideias, eu fiquei cada vez mais interessada nas funções práticas. Claro que admiro e honro a ideação; a teoria é importante. Nenhuma escola de nada

---

* Originalmente publicado como um ensaio em MARLAN, S. (org.). *Archetypal psychologies*: reflections in honor of James Hillman. Nova Orleans: Spring Journal Books, 2008.

existiria sem ela. Mas não é para todos – todo o tempo. À medida que envelheço, torno-me cada vez mais, senão prática, pelo menos "mãos à obra" em relação a quase tudo. Isso não quer dizer que não penso – apenas que, quando penso, as ideias tendem a se traduzir imediatamente em como elas aparecem como dinâmicas ou mecanismos psicológicos, em indivíduos, relacionamentos, grupos e até mesmo em situações específicas. Essa prática de ver como as ideias funcionam é divertida para mim, e é por aí que estive. Isso ainda é psicologia arquetípica? Bem, você que sabe. Talvez seja apenas a minha psicologia arquetípica, uma em tantas psicologias arquetípicas. Em todo o caso, nas páginas seguintes apresentarei um pouco de meu pensamento hoje. Essas são minhas regras básicas para a prática, assim como as consigo descrever hoje.

Regra # 1: Qualquer ideia pode ser usada defensivamente
Aqui, por "regra básica" quero dizer: aproximadamente, ou, mais ou menos. Parece-me não haver ideias "certas", mais ou menos. A parte "menos" é que algumas ideias *são* verdadeiramente mais úteis, ricas, frutíferas, promissoras. Ah, mas isso não quer dizer que estão certas – ou erradas, tanto faz.

Como psicóloga analítica meu foco está em entender como a psique funciona. Uma das formas dela funcionar é por meio de um ego frágil agindo defensivamente em relação àquilo que ele percebe como ameaças vindas de dentro ou de fora. Para se proteger dessas ameaças, o ego extrai de seu arsenal todo o tipo de armamento defensivo.

Ideias são como fortificações em torno do castelo. São concebidas para manter afastadas outras ideias. Em tempos de paz, podem dar aos amantes um lugar a salvo para se encontrar, aos sábios um espaço para conversar, acima do topo das árvores, sem interrupção, um lugar para as mulheres girarem no ar fresco, e aos mágicos um lugar para seus feitiços sob as estrelas. Mas, em tempos de guerra, fortificações são usadas para nos esconder enquanto voam as flechas e as pedras são catapultadas. Assim também com as ideias. Ideias podem nutrir a vida, ou podem servir como estruturas defensivas.

Regra # 2: Se uma vaca sagrada está bloqueando o caminho, enxote-a

O método da psicologia profunda é algo como uma *via negativa*. Com isso quero dizer que com maior frequência afastamos aquilo que está bloqueando o caminho do que dizemos saber o que é de fato o caminho. Entretanto, há alguns valores que assumimos, embora a ênfase possa variar dependendo do contexto e do praticante. Alguns desses valores são: o desconhecido, profundidade, ressonância, complexidade, interconexão, integração, riqueza, maestria. Tenho certeza que você poderá acrescentar mais alguns.

Valores, ou conceitos de valor, podem dar orientação, mas precisamos sentir e conscientemente avaliar quando um valor ou um conjunto de valores deve ser aplicado. Quando os valores são idealizados e nos prendemos a eles, tendemos a ficar cegos com seu brilho de forma a não mais discernir os eventos psíquicos mais sutis, novos, desafiadores, ou, eu diria, reais. Quando se abraça um ou outro sentimento assim valorizado, de forma que o ego se esconde por detrás dele, então precisamos colocar o próprio valor de lado, ao menos por um momento, enxotar aquela vaca do caminho, mesmo que ela represente a Verdade ou a Maternidade – ou Alma, Psique e Mundo. Quaisquer que sejam os termos sagrados, os apertos de mãos secretos, tais valores podem e irão ser usados para obstruir o caminho de possibilidades mais interessantes, desafiadoras ou fecundas.

Regra # 3: Ideias não devem ser aplicadas

O problema com a noção de *praxis* é a tendência a pensá-la como a aplicação da teoria. Quando aplicamos ideias em situações práticas, percebo que geralmente são mal-aplicadas, de um jeito ou de outro. De fato, pelo menos nos primeiros momentos, a má aplicação é quase uma regra. Uma nova ideia é como uma nova ferramenta ou brinquedo que experimentamos em vários lugares – muitos dos quais são inapropriados. Em minha experiência, em muito poucas situações da vida uma única ideia funciona.

Em minha visão, é melhor trabalhar a partir do evento em direção à ideia do que o contrário. (1) Comece com o evento vivo, por exemplo, a imagem; (2) mantenha o foco na imagem/evento, sentindo profundamente; (3) rastreie pedaços de ressonância que começam a se formar a partir do evento. Não importa se essas ressonâncias parecem imediatamente ideias conhecidas ou meros fragmentos. Eventualmente, ideias brotarão como mato em torno delas ou através delas. Ideias são orgânicas. Elas vivem nas coisas. Talvez seja isso o que William Carlos Williams quis dizer quando insistia que "não ideais, mas coisas" (*"no ideias but in things"*).

so much depends
upon

a red wheel
barrow

glazed with rain
water

> *beside the white*
> *chickens.*

Não será a cobertura brilhante no poema de WCW o vislumbre das ideias?

Regra # 4: Quando possível, pense poeticamente

Para Aristóteles, a praticalidade, ou *praxis*, leva à ação, enquanto que o fazer, ou *poesis*, leva à produção. Aparte a *praxis* como numa prática espiritual, *praxis* aplica-se mais ao pensamento político. Marx encarava seu materialismo dialético como uma *praxis*. Entretanto, às vezes estamos mais envolvidos com o fazer – simplesmente fazer – do que com política. Quando é esse o caso, como frequentemente é para mim, a fantasia do fazer, do criar – a atividade por ela mesma – é bem atraente. Para mim, "fazer" movimentos psicológicos, interpretações, intervenções, e reflexões parecem-me mais adequados do que qualquer outra conceitualização para aquilo com que estou envolvida.

Regra # 5: Fique conatural

Conatural é um termo cunhado pelo teólogo católico Jacques Maritain. Ele tinha interesse na inter-relação dos processos artísticos e dos processos da natureza. Segundo ele, a tarefa do artista ou do artesão é alinhar-se mimeticamente com "os trabalhos secretos da natureza e modos internos". Ele via a atividade artística, quando funcionando apropriadamente, como uma tentativa de fazer paralelo com os processos da natureza. A criatividade humana é como a criatividade da natureza. A tarefa é funcionar conaturalmente com a natureza num nível bem consciente – perceber as operações da natureza, senti-las, enxergá-las, ouvi-las. A tentativa de enxergar profundamente os processos psicológicos naturais, e afinar-se com o que é percebido, é a tarefa da psicologia profunda.

Regra # 6: Símbolos não são símbolos de nada, mas são simbólicos de muitas coisas

O *scholar* islâmico Henri Corbin caracterizava os símbolos como "simbolizando com" em vez de "simbólicos de" seus referentes. A distinção é importante para que nenhum símbolo seja entendido como necessariamente anterior ou mais importante que outro. O tipo de fazer implícito aqui desenvolve-se por meio de semelhanças, reverberações e improvisações miméticas ou paralelas aos movimentos e processos naturais. Nesse mesmo espírito, bem parecido com o espírito da conaturalidade de Maritain, nossa psicologia profunda procede em seu trabalho com um ouvido para as bases das reverberações da natureza, tanto naturais quanto simbólicas.

Regra # 7: Ficar com a imagem

Ok, esta é uma velha regra. Todos a conhecemos. Sempre a atribuí a Rafael López-Pedraza, já que foi dele que a ouvi repetidamente. Nesse ponto de minha vida, contudo, o sentido que dou a isso modificou-se um pouco. Hoje encaro a imagem de uma maneira mais flexível. Uma forma de compreender sua adaptabilidade é falar de enquadramento.

Regra # 8: Conhecer é enquadrar

Por favor, deixe-me ser clara. Não estou dizendo que as coisas existem apenas em função de seu enquadre. Estou dizendo que molduras organizam o que vemos. Bem-organizado, o que vemos pode se tornar novo, até mesmo empolgante. O modo como um quadro está emoldurado torna-se parte de seu efeito e de seu significado. A moldura da janela de meu escritório oferece uma vista específica da floresta lá fora. Quando enquadro uma foto em minha câmera, estou posicionando a visão de tal maneira a fazer com que algo revelatório apareça. Numa imagem que se move, muitos enquadres correndo um após o outro torna-se o filme que um editor então corta e monta – ou seja, enquadra – no filme final. O propósito de enquadrar é pôr limites na visão de forma que aquilo que está dentro desses limites pode ser focado com maior clareza e frescor.

O modo como enquadramos uma história que contamos a um amigo ou uma apresentação de caso clínico para colegas tem a ver com o que queremos mostrar (e talvez com a maneira que queremos que ele e nós sejamos vistos?!). O modo como enquadramos algo também condiciona a abordagem dos outros, aquilo que depreendem, e quais atividades que gera. Isso não é tão óbvio quanto parece. Numa apresentação de caso, por exemplo, alguém apresenta uma situação com um cliente com quem está tendo dificuldades. De modo geral, aquilo que os participantes do grupo verão, se forem participantes psicologicamente astutos, não é aquilo que o apresentador "quer" que eles vejam, mas aquilo que o apresentador não apresentou e talvez não seja conhecido.

Considero aqui que a imagem é tanto aquilo que o apresentador apresentou quanto aquilo que os outros viram – ou seja, as operações inconscientes por trás da apresentação evocada por ela. O enquadramento consciente foi o enquadre da apresentação, mas esse enquadre também trouxe outros níveis, outros *insights* e outros pontos de vista para a discussão.

Se o apresentador tivesse apresentado a história diferentemente, o que perceberiam os participantes seria também algo diferente. Digamos que ele tenha enquadrado a história, começo e fim, com uma observação sobre o quanto incomodado fica com esse paciente em particular. O grupo então ficaria inclinado a trabalhar o caso com essa emoção contratransferencial em mente. Quero ressaltar que situações enquadradas diferentemente *são* diferentes, e os comentários como também as dinâmicas do grupo modificam-se de acordo com isso – pois a imagem é diferente.

Às vezes as imagens são enquadradas pequenas demais. Quando a uma situação é dado um contexto muito reduzido, trabalhar com ela torna-se solto, projetivo, menos adequado e menos significativo em termos da situação real. Por outro lado, às vezes eventos psicológicos são enquadrados de modo tão amplo que fica difícil trabalhar neles em profundidade, ficamos apenas com golpes largos, genéricos. Eventualmente esses golpes são tudo o que você precisa, como, por exemplo, no nível das discussões culturais ou políticas. Nesse nível, trabalho preciso e específico com a imagem não ajuda, nem é apropriado.

Regra # 9: O observador e o observado podem ou não ser o mesmo

Nossa convenção de percepção é experimentar-nos quando observamos – por exemplo, os participantes observando a apresentação de caso (como discutido acima) – separados daquilo que estamos observando. Sabemos por meio da física moderna, da fenomenologia e de outras disciplinas, que estamos, de um jeito ou de outro, implícitos naquilo que observamos. Mas, em nível prático, as posições que assumimos com relação ao "outro" – qualquer que seja o "outro" (sonho, cliente, colegas, o mundo da psicologia) – varia consideravelmente.

Às vezes é importante permanecer perto do "outro", tão perto a ponto de quase fusão. Por exemplo, com relação a um sonho de um cliente, alguns terapeutas podem querer estar tão perto a ponto de sentir as energias do sonho através de seus próprios músculos e órgãos. Podem então falar com o sonho via sua própria imaginação. O seu imaginar (ou amplificações e associações) pode ser tão importante ao processo quanto o imaginar do paciente.

Ou podemos assumir uma posição um pouco distante do paciente e do material. Não se trata de uma ou outra posição estar correta; cada uma tem vantagens e pode ser mais ou menos adequada dependendo das circunstâncias. Às vezes é útil chegar o mais perto que puder da experiência. Em outros momentos, é crucial nos colocarmos fora do quadro de forma a enxergá-lo mais claramente. O que é importante aqui é saber que estamos assumindo posições, e tentar desenvolver um repertório tão amplo quanto possível. Em uma dada situação pode-se então escolher conscientemente uma posição, sua força, suas limitações, e seus perigos.

Às vezes, queremos enquadrar o que está acontecendo, digamos, numa situação terapêutica em termos da "dinâmica da transferência/contratransferência." Quando enquadramos a situação nessa fantasia conceitual, vê-se tudo ocorrendo dentro e em função dessas relações. Para se formar em muitos institutos junguianos de treinamento de analistas hoje em dia, deve-se ser adepto a esse modo de enquadrar as coisas e do uso da linguagem que lhe cabe. Como em qualquer outro enquadre, essa moldura da transferência tanto limita quanto revela. Para mim, o perigo desse modelo é ser o aceito no momento, e assim entendido como "verdadeiro" e tomado literalmente.

Regra # 10: Contraste

Acho a noção de Hillman de multiplicidade não apenas um guarda-chuva mais amplo e generoso, mas também uma atitude mais interessante do que, por exemplo, o dualismo. Ainda assim, às vezes o que se quer é apontar contrastes fortes. Em tais ocasiões, podemos soar como dualistas do tipo "isso ou aquilo". Contraste é um modo de fazer posições aparecerem mais claramente. Imagine um quadro com um pano de fundo escuro e figuras brancas no primeiro plano. As figuras brancas se evidenciam em função do pano de fundo contrastante. Quando a psicologia arquetípica coloca oposições, é importante lembrar que essas oposições são contrastes em vez de exclusões literais. Pense em algumas das oposições da psicologia arquetípica: mundo das trevas *versus* mundo diurno; ego imaginal *versus* ego heroico; mundo *versus* consultório; e (minha favorita) psicológico *versus* literal. Os caras bons estão numa ponta da oposição, e os caras maus na outra, caras bons no primeiro plano, caras maus no pano de fundo.

Falando esteticamente, essas exclusões "isto ou aquilo" criam contrastes para deixar alguma coisa clara. Mas, não vamos nos esquecer, esses caras maus são apenas espantalhos arrastados para dentro para serem cercados. Na dramaturgia, os espantalhos caricatos atuam como despiste para as personagens mais complexas. Alguns dramaturgos que conheço mantêm que o gosto coletivo requer essas figuras. Talvez, mas como psicólogos devemos lembrar que é um jogo.

Regra # 11: Roubando ferramentas

Hillman caracterizava seu método psicológico como o de um *bricoleur* (um "faça-você-mesmo" inventivo); eu diria que o meu é como um ladrão, embora um bom ladrão que age com boas razões, espero. Embora a psicologia arquetípica se distinga filosoficamente de psicologias coletivas bem difundidas tais como as psicologias comportamental ou cognitiva, como praticantes, entretanto, devemos ocasionalmente roubar uma ou outra ferramenta de suas caixas brilhantes. De vez em quando, essas caixas de ferramentas podem conter algo útil. A ferramenta pode ser a que nos permita focar no comportamento enquanto tal, ou de defender uma mudança de comportamento antes mesmo de se entender o próprio comportamento. Isso pode parecer muito diferente de psicologia profunda, mas é de vez em quando necessário – como em situações de abuso ou de dependência química. Já que existem tantas explicações de eventos quanto há perspectivas psicológicas para enxergá-los, às vezes um simples reforço negativo (tal como terminar a terapia) *é* o caminho a seguir.

Se levarmos a sério a imagem de Maritain/Corbin de processos paralelos, então talvez as mudanças imaginais possam começar com as mudanças comportamentais, assim como também o contrário. Às vezes, pegar a coisa pelo outro lado é mais fácil. *Parece-me que não são as outras psicologias que são dedutivas, materiais e literais – nós é que somos, sempre que a enxergamos sem um olhar psicológico.*

Se permanecemos no campo psíquico, *in media res*, mantendo nossa consciência a partir dessa posição, o que fizermos estará baseado psicologicamente. É uma questão de atenção. Quando estamos psicologicamente atentos, nossos meios serão metafóricos, e nossas ferramentas reflexivas.

Regra # 12: Não tome o literal literalmente

Disse antes que literal *versus* metafórico era minha oposição favorita. Mas, você sabe, não devemos levar nem o literal tão literalmente. Fazê-lo é tornar-se demasiado literal. Aquela voz literal, insistindo que "é só isso!", é apenas uma dentre outras do coro. Muitas vezes é útil para cercar alguns tons mais fortes, mais cheios de certezas, mas o segredo é escutá-la como uma voz – em vez do "a verdade, nada além da verdade" que ela quer ser.

Regra # 13: Verdade ou *daimon*
Às vezes, penso sobre a verdade imagisticamente, como a linha de esquadro que um carpinteiro determina, que um navegador calcula, ou que um mestre zen desenha na areia. Verdadeiro é para mim de valor inestimável, mas não capitalizo a palavra. Em termos de uma psique individual, penso na verdade como o caminho da individuação. Esse termo junguiano antigo é suficientemente vago, subjetivo e interior para funcionar para mim. Alguns podem falar de seguir seu *daimon* ao invés da noção junguiana de *individuação* como um guia, mas *daimones* são lampejantes. Além de *daimones* há demônios, tão fáceis de nos identificarmos com eles. Assim, também noções como "psique" e alma não funcionam para mim como já funcionaram. Nos começos da psicologia arquetípica, essas palavras estavam de fato vivas, podendo fazer tremer a terra, eletrificantes, ousadas. Agora, são clichês dos títulos de metade dos livros das prateleiras de autoajuda. Essa noção (psique, alma) é verdadeira? Com certeza. Mas é difícil hoje em dia para uma pessoa como eu que elas inspirem um sentimento de verdade, de linhas verdadeiras.

Costumo orientar-me com noções estéticas mais práticas, como "o que funciona". O que funciona como um romance, um filme, uma pintura ou uma canção está determinado pela própria peça. Cada peça estabelece seus próprios critérios.

Dessa forma, o trabalho é medido a partir dele mesmo – parecido com o que *individuação* implica para a psicologia pessoal, onde a natureza única daquela pessoa é a meta.

Regra # 14: A regra de Layard

Costumo enxergar os sonhos através da regra de Layard. Nem sempre divido isso com meus clientes. Mas o faço com frequência, pois é de fato como vejo as coisas. John Layard era um antropólogo e um analista junguiano da primeira geração que residia na Inglaterra. Jim Hillman me passou a máxima há quase 40 anos, creditando-a a Layard, e então também o faço. Essa regra básica serviu-me e a muitas gerações de estudantes desde então. É minha ferramenta favorita.

A regra diz o seguinte: "Tudo no sonho está certo, exceto talvez o ego onírico". O propósito dessa regra é voltar a atenção para um campo além do ego. Seu uso desliteraliza o ponto de vista egoico usual, permitindo uma mudança de perspectiva.

Assim como com qualquer outra dessas regras, esta não é rígida e não se aplica indistintamente, e às vezes nem mesmo se aplica. Ela é, penso, sempre uma perspectiva que ajuda os praticantes a aprofundar sua consciência. Ela *não é* sempre a ferramenta correta para a terapia. Em alguns casos, por exemplo quando apoio e estabilização são uma prioridade, mover-se contra a perspectiva do ego não é terapeuticamente inteligente. Em tais ocasiões, a regra de Layard não é a ferramenta certa. Pegue outra. Igual às outras, esta é simplesmente mais ou menos útil ou apropriada – uma entre outras na caixa de ferramentas.

À guisa de exemplo, vejamos esse sonho: entro no meu banheiro. Meu cachorro, Max, está na banheira, debaixo d'água.

Ele está só, deitado lá, como sempre faz. Estou assustada, sabendo que ele vai se afogar. Ele me olha como se nada estivesse errado.

Não sei nada sobre a mulher que teve esse sonho – sua situação na vida, seus complexos, onde está em seu processo analítico, nada. Mas isso não quer dizer que não posso tirar nada do sonho.

De uma perspectiva naturalista (aqui, a perspectiva do ego), parece que o cachorro vai se afogar, e isso é terrível para a sonhadora. Para aplicarmos a regra de Layard, contudo (aqui, uma perspectiva debaixo d'água, assim como do mundo inferior), isolamos o sentimento do ego e olhamos para o cão. Max se comporta como se nada estivesse errado. Talvez esse seja um cachorro submarino, capaz de sobreviver debaixo d'água. Ou talvez ele vá se afogar, dissolver-se na *solutio* alquímica, e isso seja parte do processo. Em todo o caso, sabermos claramente, a partir do ponto de vista do cachorro, de acordo com Layard, que de fato "nada está errado". Tudo é como deve ser.

Esse ponto de vista parece horrível, de diversas maneiras, para um psicólogo orientado por uma psicologia do ego ou humanista. Cachorros não ficam naturalmente contentes debaixo d'água. Portanto, há algo errado com o "cachorro" dessa mulher. Seu instinto canino não está atento, é autodestrutivo. Uma outra razão para o sonho não cair bem é que na psicologia humanista o que é mais valorizado é o humano. Identifica-se com as perspectivas e valores humanos, que logo são tomados literalmente.

Virar as coisas a ponto de olharmos da perspectiva do cachorro, confiando mais no ponto de vista animal que no humano, pode nos levar a conscientizações que outras perspectivas, mais habituais, não permitem. A perspectiva de Layard aprofunda e enriquece nossa compreensão. Se tudo está certo exceto o ego onírico, está "certo" que o cachorro morra. Talvez o cachorro seja como um velho instinto, efetivo durante anos para farejar o que é o que, mas que não é mais necessário. Talvez agora seja o caso de vir um novo cachorro com novos sentidos.

Regra # 15: Escute seus amigos, ame seu mestre

Regularmente conduzo seminários para estudantes em seus estágios finais de formação no estudo da psicologia profunda. O exercício final é que cada estudante ocupe várias horas durante um final de semana para falar de seu trabalho com um cliente. À medida que os participantes interagem em torno das imagens e processos que afloram, fico desconcertada ao perceber o quanto eles compreenderam uns aos outros. É claro, cada um deles chega para o final de semana com perspectivas particulares e teorias favoritas. Podem nem sempre concordar, mas eventualmente todos chegam a *apreciar* uns aos outros, a compreender o que está sendo dito e de onde vem. Eles escutam uns aos outros. E a mim.

Será que sabem que sou uma psicóloga arquetípica? Conhecem minha trajetória? Não sei. Se de fato conhecem, certamente não em detalhes. Ainda assim, estão fazendo o que considero psicologia arquetípica. Estão focando cuidadosamente naquilo que aparece como imagem, conscientes de seu enquadre, das lentes que usam. Afastam-se de explicações causais e apreciam ressonâncias miméticas. Aprenderam a roubar. Fazem uso inventivo de recursos disponíveis (o *bricoleur*!). Em diferentes graus, cada um tem um olho para uma linha verdadeira. Recitam a Regra de Layard como um mantra. Isso é psicologia arquetípica? Bem, certamente é uma de suas formas.

Obrigada, Jim Hillman. Esses anos misturada com você foram fundamentais para meu aprendizado, gloriosos no alcance, na extensão e na elevação, muito além de inspiradores. Foi uma viagem extraordinária. Permaneço para sempre profundamente grata a você, meu professor.

13 Imagem em movimento*

O cinema começou ao mesmo tempo que a psicologia profunda, no final do século XIX. Esse período é geralmente compreendido como o início da assim chamada "modernidade". O telégrafo tinha sido inventado; também o telefone e a fotografia. Nesse tempo de explosão do capitalismo industrial e do consumismo, as estradas de ferro estavam no auge. A população movia-se rumo às cidades em multidões, tornando a vista urbana das ruas mais complexa e caótica do que nunca. Nas cidades, as pessoas encontravam tráfego, barulhos, vitrines, janelas, corpos, paisagens, coisas a se olhar, a se desejar.

A turba tornava-se uma entidade, com a noção de uma audiência de massa. Os pôsteres proliferavam para atrair essa audiência. Um jornalista da época descreve o pôster:

> Triunfante, exultante, removido, colado, rasgado em algumas horas, minando o coração e a alma com sua futilidade vibrante, o pôster é de fato a arte... dessa época de febre e riso, de violência, ruína, eletricidade e esquecimento.

---

* Texto apresentado como palestra no Simpósio de Psicologia Arquetípica (UCLA, Santa Barbara, agosto de 2000; patrocinado pelo Pacifica Graduate Institute) e publicado originalmente em inglês sob o título "Image in Motion". HAUKE, C. & ALISTER, I. (orgs.). *Jung & Film*: Post-Jungian Takes on the Moving Image. East Sussex, Ingl.: Brunner-Routledge, 2001, p. 70-79.

E é apenas um pôster!

Com o mundo de repente em tanto movimento, não é surpresa que o impressionismo buscasse capturar alguns de seus momentos. A fotografia o congelou; os museus o capturavam ainda mais. Museus de folclore saciavam a fome por dias mais simples já passados. Ao mesmo tempo, parques de diversão, essas Coney Islands dos sentidos, permitiam às pessoas relaxar e passear livremente, mas depois as agitavam e rodopiavam em intervalos frenéticos e em alta velocidade, recriando a mesma estimulação da qual estavam tentando relaxar. Vejo aqui um círculo vicioso, ao final do século XIX. Quando a psique move-se rumo a revoluções, como no final deste nosso século XX, encontramos o mesmo tipo de fenômenos frenéticos.

Sociólogos escreveram sobre o aumento perturbador dos estímulos nervosos e dos perigos corporais (SINGER, 1995: 74), o aumento da criminalidade, a perda dos valores e da moralidade tradicionais. Psicopatologia "desenfreada": neurastenia (ou a "síndrome de fatiga crônica" do século passado), histeria, e aquilo que poderíamos chamar de "síndrome do stress pós-traumático", resultante das viagens de trem. **Railway spine** (afecção da coluna vertebral causada por acidente ferroviário) e **railway brain** eram diagnósticos sérios, condições médicas.

De fato, uma viagem de trem é quase como assistir a um filme. Sentamos numa poltrona e assistimos o visual que se move numa moldura – a janela (CHARNEY & SCHWARTZ, 1995: 6). O cinema estava à espreita, na sombra por trás dos olhos, apenas esperando que a tecnologia o trouxesse à vida.

Portanto, não há surpresa no fato de que o cinema chegou com a Modernidade. Nascido com a consciência moderna, ele a representa. O cinema *é* a consciência moderna. Além disso, à medida que o cinema se desenvolveu e se transformou, em vários períodos durante o século XX, isso correspondeu a mudanças na psique coletiva. E o contrário é também verdadeiro, é claro: quando a psique se transformou durante o século, as mudanças se refletiram no cinema. O resultado foram os filmes surpreendentemente liberados dos anos de 1920, as comédias excêntricas da era da depressão, Hollywood Code, o cinema *noir* na desilusão da Segunda Guerra Mundial, a psicologia personalista dos anos de 1950 e 1960.

Um dos primeiros filmes projetados numa tela para que as pessoas assistissem juntas foi **Workers Leaving the Factory**, o filme de 50 segundos de Louis Lumière de 1895. Em 1896, apenas um ano depois, mais de duas mil pessoas por dia dirigiam-se ao subsolo do Grand Cafè de Paris, que Lumière alugara para exibir seus filmes.

O que estava acontecendo? A maioria dos filmes de Lumière simplesmente registravam um evento: um barco deixando um cais, um muro caindo, um bebê sendo alimentado, operários deixando a fábrica. Por que então simplesmente não *ir assistir* aos operários saindo de uma fábrica? A realidade seria mais vívida, com cores, sons e de graça! Acho que a resposta é que a transformação que ocorre no ato de filmar cria, ou quem sabe liberta, a "psique" do assunto. A cena não é mais simplesmente a natureza, mas arte. Experimentamos essa transformação da natureza em arte e ficamos magnetizados por ela. A transposição para a arte cria um brilho. Claro, há também uma perda. A tangibilidade fresca, aquosa, aqui e agora do evento real é sacrificada, criando talvez um vácuo, um vazio, no próprio evento. Mas em troca dessa perda, a transformação em arte provê forma e um nível estético de excitação: prazer. No cinema, essa transformação ocorre quando o evento é enquadrado no olho da câmera. Em essência, o cinema é uma série desses enquadramentos acelerados por uma câmera e projetados numa tela.

Talvez a transformação em arte seja uma maneira de lidar com a superestimulação da vida moderna. A arte junta impressões caóticas numa forma. Uma vez juntas, as impressões podem então se tornar prazerosas. Talvez o cinema tenha surgido no momento em que surgiu porque era a terapia de que as pessoas precisavam para juntar numa forma administrável o caos da superestimulação.

O cinema também nos ensinou. Como a mente trabalha, faz associações, presta atenção – esses eram tópicos de interesse naquele momento. Jung, por exemplo, em seus experimentos de associação, tentava determinar aquilo que interferia na atenção, pois de fato a superestimulação da Modernidade requeria que a atenção se tornasse mais precisa, mais veloz, mais clara e mais flexível. A consciência tinha que dar conta de mais, pois muito mais coisas estavam acontecendo.

É claro que o entretenimento é um paradoxo: ele não apenas junta, mas também estimula. Aquelas duas mil pessoas marchando para o Grand Cafè não estavam indo ali para relaxar. Iam porque testemunhar eventos projetados numa tela era excitante, estimulante. Algo da vida estava sendo transformado, apenas por ter passado por uma câmera e estar projetado numa tela. Participar dessa experiência como um espectador era ser transformado, para melhor ou para pior.

Para melhor porque precisamos ser ameaçados um pouco, superestimulados a fim de gerarmos processos criativos, tanto do ponto de vista do indivíduo quanto da cultura. Sim, a ameaça da Modernidade e da Pós-modernidade gerou frutos patológicos: doença mental, violência, crime. Mas as pressões e deslocamentos da Modernidade também nos desafiaram a criar formas que se originam das próprias energias que nos ameaçam, ainda que as transformem e juntem.

As coisas se despedaçam, o centro não segura, nos disse Yeats. Quando nos encontramos à beira de uma crise, a resposta mais criativa a essa desordem, a essa doença, é fazer algo com ela. Não podemos voltar às coisas como elas estavam. Mas podemos avançar para o novo ao criarmos, utilizando os alinhamentos/materiais da nova desordem/ordem.

No cinema, ao final do século XIX, muitas mulheres e homens foram lançados a fazerem exatamente isso. Chamarei atenção para dois deles. O primeiro, George Melies, era um ilusionista, um mágico com uma queda para o espetáculo. Em 1902, Melies fez um filme de 10 minutos, ***Viagem à Lua***, que provavelmente foi o filme mais longo e mais inovador até aquele período. Ele trouxe elementos do romance de Julio Verne: ***Da Terra à Lua*** (1865), e o de H.G. Wells: ***The First Men on the Moon*** (1901).

O filme de Melies abre com uma discussão, numa sociedade de agrônomos, sobre a possibilidade de ir à lua (o astrônomo chefe e narrador é o próprio Melies). Cinco são escolhidos. Com ajuda de seus assistentes em atraentes trajes de marinheiros, os cientistas trocam suas roupas por "roupas de viagem" e então escalam para dentro do foguete, que dispara rumo à lua. Na aterrissagem, cansados da viagem, caem no sono e sonham com estrelas furiosas. Quando acordam, a neve caiu como punição por sua intrusão. Então eles descem ao interior de uma cratera, onde encontram o povo da lua, com quem entram em algum conflito. Para escapar, pulam para dentro de sua espaçonave, embora um habitante lunar fique pendurado para fora, e se lançam ao oceano. Esse filme tem um interesse técnico e histórico, além de ser delicioso de assistir.

O segundo pioneiro é Edwin Porter, um chefão do Estúdio Edison na América. Porter filmava principalmente reencenações de eventos do noticiário, pequenas comédias, e desenhos políticos. Ele é reconhecido por seu sentido apurado do gosto popular. ***The Great Train Robbery [O roubo do grande expresso]*** (1903) deu início ao gênero do ***western*** no cinema. O filme começa com um grupo de bandidos mascarados ocupando uma estação de trem derrubando e amarrando o operador da estação. Os vilões então embarcam num trem, invadem o carro de bagagem, matam um mensageiro, estouram o cofre, roubam os passageiros, atiram num homem que tentava escapar, lutam com um guarda no telhado do trem, derrubam-no e o atiram para fora do trem em movimento. Pulando do trem para cavalos, os bandidos galopam para uma clareira na floresta, onde apeiam para dividir o saque. No momento exato, chega um destacamento policial para estragar os planos.

Ambos os filmes são tecnológica e imaginativamente inovadores. Ambos são narrativas, embora em estilos bem diferentes. Se olhássemos para esses filmes do ponto de vista ontológico, poderíamos dizer que o filme de Melies assume a primazia da imaginação, enquanto que o roubo do trem, de Porter, reflete um mundo mais realista e sensível. A julgar por seu ensaio "Psicologia e Literatura" (***OC*** 15), Jung caracterizaria o trabalho de Melies de "visionário", portanto mais profundo, arquetípico; ele consideraria o de Porter mais "personalista" ou mundano, já que ele fala dos eventos de um ponto de vista aparentemente mais literal, realista ou consciente.

Contudo, no cinema, é claro que **tudo** é uma realidade construída. Vistos apenas como filmes, **Viagem à Lua** e **The Great Train Robbery** diferem apenas no gênero: um é ficção científica, outro é realista. Mas essas categorias são apenas formas, maneiras de imaginar. Trabalhar com a imaginação não quer dizer que o cenário tenha que ser na lua. O cenário pode ser o topo de um trem em movimento, ou mesmo a própria lua. Mas qualquer que seja a locação, podemos fazer o trabalho a partir de uma base na imaginação.

Dito de outra maneira, se começamos assumindo que a imaginação/imagem é primária, então tudo para o que olhamos será uma ou outra forma de imaginar/imaginação. De fato o olho, o jeito de olhar, é o que é verdadeiramente imaginativo. Mas um jeito imaginativo de ver é imaginativo não porque procede de um campo ou uma categoria designada de imaginação, ou "visionária", mas sim porque imaginar é como esse olhar vê. Assim, a imaginação existe desde que o olhar envolvido esteja vendo imaginativamente. Assim, também o produto desse olhar é um produto da imaginação, qualquer que seja o gênero ou a forma.

A câmera é um tipo de olho. Nos primeiros filmes, a câmera era simplesmente posta na frente da porta da fábrica de Lumière e acionada a manivela. Portanto, a câmera era um observador estacionário enquadrando o que acontecia na sua frente: observador aqui, objeto/ação ali. Logo, no entanto, uma roda ou duas foram acopladas permitindo que a câmera se movesse. Ela podia rodar sua cabeça, horizontal e verticalmente. Agora, não apenas a ação se movia na sua frente, mas o observador se movia também. E o modo como se movia o observador – rápido, lento, fluido, bagunçado – influenciava tudo. No cinema, o observador (câmera) e o objeto percebido estão sempre interagindo. Essa interação pode ser bem complexa: a câmera pode panoramizar em 360 graus, digamos, enquanto que o objeto move-se verticalmente. O filme que assistimos é o resultado dessa interação. Assim, a câmera interage com o mundo por nós e conosco, mimetizando a percepção humana, pensando por nós.

Como pensa o cinema? Certamente de um modo a tentar um paralelo, ao mesmo tempo que desafiar a percepção humana. Um filme pensa de diversas maneiras, já que reflete e cria a experiência humana. Portanto, um filme pensa "perspectivamente", ou seja, a partir de uma perspectiva. A câmera está por baixo, olhando para cima, de forma que o personagem se levanta, como ficou tão famoso em **Cidadão Kane** (1941)? De maneira mais recente e complexa, no **Hamlet** (2000), Gertrude (Diane Venora), Claudio (Kyle MacLachlan) e Hamlet (Ethan Hawke) arrastam-se nas calçadas de Manhattan e assomam maiores que a própria vida, como era de se esperar. A forma é a tragédia, na qual o herói, Hamlet, virtualmente e por definição, deve ser maior que a vida. A câmera o obriga.

Se a câmera toma a perspectiva oposta – mais alta, olhando para baixo – o que está sendo filmado se torna, não aparece, mas se torna, diminuído. A câmera cria essa realidade. A câmera aproxima-se em *close* para acusar, escrutinar, se intrometer? Considere os ultra *close-ups* de Jeffery Wigand (Russell Crowe) em **The Insider [O informante]** (1999): um homem preso, invadido pelo programa de TV **60 Minutos**, por sua consciência, pelas marcas desafiadoras de seu caráter. Nós o estudamos nesses *close-ups*. Encaramos suas mandíbulas, enxergamos os poros de sua pele. Ou talvez, como em **Any Given Sunday [Um domingo qualquer]** (1999), a câmera nos leva direto para o ringue, joelho a joelho, enquanto pedaços de corpos titânicos se chocam e de despedaçam diante de nós. Talvez a câmera se afaste, permitindo um alívio, um contexto, uma panorâmica. Ela pode até mesmo dar-nos a graça da dissociação, quando a grua vai alto sobre um pomar, com a ramagem obstruindo o reconhecimento de um incesto de pai e filha, em **Cider House Rules *[Regras da vida]*** (1999). A perspectiva cria a realidade emocional nos filmes.

Um filme também pensa simbolicamente, por exemplo de leste para oeste. A aventura dos pioneiros nos **westerns** americanos era tipicamente filmada da direita para a esquerda (HUSS & SILVERSTEIN, 1968: 63), em direção ao sol poente, **naturam**, do jeito natural. Essa "direcionalidade" funciona num nível simbólico, inconsciente. Talvez direita para esquerda, como leste para oeste, seja arquetípico. Talvez seja uma metáfora para a maneira como os desenhistas de mapas imaginam mapas. Para o modo de pensar dos filmes, não importa. O que importa é como essa direção "funciona" esteticamente – aqui e agora nesta cena, neste filme.

Os filmes também pensam de modo elíptico. Atalhos são uma chave nesse meio. Imagine sua mão atravessando todo seu campo de visão. Agora corte toda a parte central desse movimento, de forma que tudo o que sobra é sua mão iniciando o movimento, e então terminando. Junte essas duas pontas e você terá uma abreviação do movimento. Nossa imaginação perceptiva compreende imediatamente essa abreviação. Os filmes, de modo geral, são compostos dessas abreviações, ou "cortes".

Cortes também podem conectar perspectivas. Melies, em seu **Viagem à Lua**, mostra a aterrissagem na lua de duas perspectivas diferentes. Para perceber fisicamente de duas perspectivas diferentes, teríamos que estar fisicamente em um lugar para a primeira percepção, e depois fisicamente num lugar diferente para a segunda. Isso exigiria muita caminhada ao redor. Mas nossa imaginação – e a câmera – podem fazê-lo num *flash*. Os filmes nos ensinam esse imaginar cada vez mais veloz e múltiplo.

Os filmes também amam experimentar, testando os limites do possível. **Fast cutting**, um sucesso da MTV, entrou na moda. Já que o número de cortes acelera o ritmo, os filmes atuais utilizam com frequência múltiplos cortes de forma que os filmes correm bem. **The Blair Witch Project [A Bruxa da Blair]** (1999), **Breaking the Waves [Ondas do destino]** (1996), **Wonderland [Crimes em Wonderland]** (2003), para mencionar só alguns, experimentam com a câmera nas mãos, trazendo um toque mais íntimo, de documentário. **Timecode [Timecode]** (2000) é projetado na tela dividido em quatro áreas, e uma perspectiva diferente sobre a história está em cada uma delas, cada uma filmada em um **take** longo em vídeo. Na internet podemos interagir com uma câmera girando 360 graus apontando e disparando em qualquer direção.

A tecnologia digital trouxe poder revolucionário e facilidade de exploração para um campo já rico de possibilidades. Quando essas explorações e experimentos funcionam, mudam nossa percepção, alteram a consciência. Um dos modos principais em que a consciência se transforma é pela quebra de clichês.

Um exemplo disso é **The Straight Story [Uma história real]** (1999). Esse filme poderia estar repleto de grande sentimentalidade – é sobre os valores da família, afinal de contas – não estivesse ele nas mãos do iconoclasta David Linch (**Eraserhead**, 1977; **Elephant Man [O homem elefante]**, 1980; **Blue Velvet [Veludo azul]**, 1986 etc.) e de seu hábil **camera man**, Freddy Francis, de 81 anos de idade.

O filme começa com uma vista aérea sobre os milharais de Iowa. Nessa distância, os campos parecem abstratos, talvez mais como um grande tapete de palha do que plantações de milho. Descendo por trás de um caminhão de lixo, a câmera enfatiza, por sua posição, as linhas regradas dos padrões dos celeiros (Iowa regrada? valores regrados? história regrada?). A imagem vai se dissolvendo (uma transição padrão nessa parte do filme) levando-nos ao caminhão de lixo, fim de expediente, rodando na avenida principal no final da tarde, sombras bem marcadas. A cidade está vazia, exceto por alguns cachorros vagando em direções contrárias. Outra imagem dissolvente nos leva de volta ao alto, acima de um casario residencial, a grua vira à esquerda para se notar alguém saindo, depois se volta e para. É a primeira vez que a câmera para, embora ainda esteja no alto, impessoal, e de alguma forma desinteressada. Depois se abaixa devagar, enquanto uma mulher de rosa, sentada numa ***chaise***, tira seus óculos escuros, levanta-se e vai para trás da casa. A câmera mostra esta área de trás, cheia de sombras marcadas, pesadas. A câmera se move vagarosa, fria, quase ameaçadoramente, pelas sombras, depois precipita-se pela lateral da casa e de repente para em uma janela. Ouvimos uma pancada lá dentro, mas a câmera permanece parada fora da janela.

Essa parada na janela quebra com um clichê cinematográfico. Esperamos que a câmera nos leve através da janela para dentro da casa, que é o que normalmente faz uma câmera quando ela para em uma janela – principalmente com um som de batida lá dentro. Aqui, ao ***não*** nos levar para dentro, a câmera nos desperta. Um anjinho aparece neste momento.

Parar aqui é também significativo nos níveis temáticos. Um é a morte. No que veio antes até agora, enxergamos as metáforas que nos fazem perceber que a história baseia-se nos ciclos de vida/morte: final da estação, chuvas pesadas, colheita, final do dia, a segadora mecânica (a lixeira). Até as transições de imagens (uma imagem dissolvendo-se enquanto outra emerge) revelam o ciclo da vida. A câmera é como a inviabilidade da morte: está tão perto quanto a morte, ainda que impessoal, altiva, fria, e depois predatória. Nessas tomadas de abertura, a câmera não é amigável.

A câmera envia-nos outra mensagem: esta é uma "casa fechada", "autocentrada", "trancada". É por isso que não atravessamos a janela. Mais tarde, o velho Alvin deixará esse espaço "fechado" onde ele vem sobrevivendo com sua filha. Ele rumará heroicamente para Wisconsin com seu cortador de grama para reparar uma rixa com seu irmão fracassado antes que seja tarde demais. ***Uma história real*** é uma aventura arquetípica, uma peregrinação, uma história de orgulho e inveja entre irmãos, como Caim e Abel, uma reconexão e integração no portal da morte, e uma odisseia tão velha quanto Homero. E este realmente não é um filme excepcional. Muitos filmes contêm esse nível de mito.

A janela na qual a câmera não entrou tornou esses mitemas ou arquétipos possíveis ao recriá-los. Para mim, um mito não é real até que possamos abri-lo, senti-lo vivo. Senão, um arquétipo é apenas um clichê, ou um "tipo". Para que uma experiência estética seja real, como qualquer experiência, os clichês devem ser quebrados – que é também razão de eu ter escolhido "imagem em movimento" como título desse ensaio. Estou de fato fazendo alusão ao movimento como no cinema, que são imagens em movimento (***motion pictures***), mas mais significativamente o movimento também como a mudança necessária que recria as experiências para torná-las vitais.

É claro que não podemos repetir essa tomada de câmera que para na janela. Rapidamente ela se tornaria um clichê. Podemos assistir até mesmo ao mais extraordinário filme antigo e experimentar algum momento, um gesto, um trecho de diálogo como óbvios para nossa sensibilidade de hoje. Ao longo do século, o cinema veio nos ensinando. Treinou nossa percepção para tornar-se rápida, nossa compreensão para ser ágil. É só ter uma dica cinematográfica – um gesto, um tom, um olhar nos olhos – e já entendemos tudo.

Como pensam os filmes? Hoje em dia, os filmes são "legais" (*cool*). Não "legais" como já se usou a palavra no tempo dos **beatnicks** e do ***cool jazz***. No final dos anos de 1960, "legal" queria dizer "tudo legal", calmo, tranquilo, tipo "viajando" com maconha. Novos sentidos são mais ativos, significando "mais atraente". "Legal" ***não*** significa desinteressado ou calmo. "Legal" pode ser um cérebro todo espatifado dentro de um carro, como em ***Pulp Fiction*** (1994). É mais irônico e muito ciente de si mesmo. "Legal" é "descolado" como uma atitude crítica com relação a si mesmo, nunca se levando demais a sério. "Descolado" como "um passo pra trás". "Descolado", "legal" é uma câmera olhando. "Descolado" é ***cool***, é ***in***.

Being John Malkovitch [Quero ser John Malkovitch] (1999) é um filme "legal". Num dado momento, no ponto de vista mais avançado, a câmera nos leva para dentro da cabeça de John Malkovitch. Atravessamos um portal, ouvimos sons ecoando na câmara de sua cabeça. Essa fantasia "absurda", de alguma maneira, funciona. De fato, dentro do filme funciona tão bem que as pessoas fazem fila, paradas naquele ambiente de teto tão baixo como para anões, e ainda pagam US$ 200 por 15 minutos da experiência. A piada (e tudo nesse filme é uma piada ou, ao menos, é irônico – que é porque esse filme é "legal") é sobre o desejo desesperado de ser outra pessoa, especialmente se essa pessoa for um alvo para projeções como um ator, um John Malkovitch, presumivelmente é.

Querer ser outra pessoa significa, como nesse filme, que você não gosta de ser quem é. Nessa troca, podemos chamar isso de baixa autoestima, insegurança, sentido pobre de identidade. De fato, diz-se que confusão de identidade é um sintoma de nosso tempo. Sendo "descolado" você pode se tornar tão autorreflexivo, tão ciente de si mesmo, que você perde o si mesmo.

Já afirmei que as artes precisam de patologia. Quero acrescentar aqui que a patologia é, falando alquimicamente, a ***prima materia***, a base de onde parte toda a criação. A arte requer e responde à patologia. Desordem de identidade? O cinema responde às desordens de identidade explorando identidades. O cinema é fascinado por identidades, visões e subjetividades dissociadas – que ele explora muitas vezes mergulhando em estados bastante extremos.

O cinema atual nos apresenta subjetividades com as quais não sonharíamos alguns anos atrás. Spike Lee nos coloca na pele do ***serial killer*** David Berkowitz. Ouvimos a nós mesmos andando, respirando, dançando, enquanto perambulamos pelo Bronx em ***Summer of Sam [O verão de Sam]*** (1999). Ou nos tornamos neonazistas em ***American History X [A outra história americana]*** (1998), um filme extraordinário para se compreender como a identidade racista se forma. Ou nos tornamos uma garota querendo ser um garoto ***(Boys Don't Cry [Meninos não choram]***, 1999), um garoto querendo ser uma garota (***The Crying Game [Traídos pelo desejo]***, 1992; ***All About my Mother [Tudo sobre minha mãe]***, 1999). Perscrutando o olhar narcoléptico de River Phoenix (***My Own Private***

Idaho [Garotos de programa], 1991), adormecemos. Então sentimos os solavancos do estilo de vida viciado, sem sentido, em alta velocidade, de cortes bruscos e repetições de ***Trainspotting*** (1996).

Podemos nos aproximar dessas experiências patológicas precisamente porque nossas identidades são soltas, dissociáveis. Por estarmos menos centrados, podemos ser mais múltiplos. Não temos tanta certeza de nosso ponto de vista, ou da maneira como pensamos, portanto nos dá prazer enxergar a vida pelos olhos dos outros, pensar as ideias dos outros. Aprendemos a ser nós mesmos sendo outros.

Tal psicopatologia não é necessariamente ruim – ou boa. Mas fazer algo com a patologia é uma resposta adequada – é certamente a resposta do cinema – ao dilema de nosso tempo. O cinema usa a desordem para criar ordem de outro tipo, usa a falta de uma identidade singular para explorar múltiplas identidades, usa a perda da realidade conhecida para explorar outros tipos de realidade. O cinema responde à psicopatologia adentrando-a, trabalhando com ela.

Da mesma forma a resposta ao dilema pós-moderno não está em meramente voltar as costas aos avanços tecnológicos, ou em nostalgicamente sentir falta de tempos mais simples, menos frenéticos. A resposta do cinema à Modernidade no século passado foi juntar seu caos numa forma. Nossa resposta, um século depois, é idêntica. Como no cinema, criamos a realidade ao enquadrarmos os eventos da vida, pondo foco em suas especificidades. Nossos ângulos, valores, interações constroem o mundo em que vivemos. Estamos fazendo cinema todo o tempo. Descobrimos a realidade ao reenquadrarmos, ao mudarmos os ângulos, o foco, as direções, quando abrimos os clichês, e vemos anjos pularem de janelas fechadas.

Estamos em movimento, nosso mundo é uma imagem que se move. Isso, no início do século XXI, é tremendamente excitante.

Referências

CHARNEY, L. & SCHWARTZ, V. (1995). *Cinema and the Invention of Modern Life*. Berkeley: University of California Press.

HUSS, R. & SILVERSTEIN, N. (1968). *The Film Experience*. Nova York: Dell.

JUNG, C.G. [as referências são às *Obras Completas* (*OC*) pelo número do volume e parágrafo].

SIMMEL, G. (1903). "The Metropolis and Mental Life". In: WOLFF, K. (org.). *The Sociology of Georg Simmel*, 1903 [Trad. de H.H. Gerth] [Reimpressão: New York: Free Press, 1950, p. 410].

SINGER, B. (1995). "Modernity, Hyperstimulus, and the Rise of Popular Sensationalism". In: CHARNEY, L. & SCHWARTZ, V. (orgs.). *Cinema and the Invention of Modern Life*. [s.l.]: University of California Press, p. 74.

TALMEYR, M. (1896). "L'age de l'affiche". *La Revue des Deux Mondes*.

Coleção Reflexões Junguianas
Assessoria: Dr. Walter Boechat

- *Puer-senex – Dinâmicas relacionais*
Dulcinéa da Mata Ribeiro Monteiro (org.)
- *A mitopoese da psique – Mito e individuação*
Walter Boechat
- *Paranoia*
James Hillman
- *Suicídio e alma*
James Hillman
- *Corpo e individuação*
Elisabeth Zimmermann (org.)
- *O irmão: psicologia do arquétipo fraterno*
Gustavo Barcellos
- *Viver a vida não vivida*
Robert A. Johnson e Jerry M. Ruhl
- *O feminino nos contos de fadas*
Marie-Louise von Franz
- *Re-vendo a psicologia*
James Hillman
- *Sonhos – A linguagem enigmática do inconsciente*
Verena Kast
- *Introdução à Psicologia de C.G. Jung*
Wolfgang Roth
- *O encontro analítico*
Mario Jacoby
- *O amor nos contos de fadas*
Verena Kast
- *Psicologia alquímica*
James Hillman
- *A criança divina*
C.G. Jung e Karl Kerényi
- *Sonhos – Um estudo dos sonhos de Jung, Descartes, Sócrates e outras figuras históricas*
Marie-Louise von Franz
- O livro grego de Jó
Antonio Aranha
- *Ártemis e Hipólito*
Rafael López-Pedraza
- *Psique e imagem – Estudos de psicologia arquetípica*
Gustavo Barcellos
- *Sincronicidade*
Joseph Cambray
- *A psicologia de C.G. Jung*
Jolande Jacobi
- *O sonho e o mundo das trevas*
James Hillman
- *Quando a alma fala através do corpo*
Hans Morschitzky e Sigrid Sator
- *A dinâmica dos símbolos*
Verena Kast
- *O asno de ouro*
Marie-Louise von Franz
- *O corpo sutil de eco*
Patricia Berry
- *A alma brasileira*
Walter Boechat (org.)
- *A alma precisa de tempo*
Verena Kast
- *Complexo, arquétipo e símbolo*
Jolande Jacobi
- *O animal como símbolo nos sonhos, mitos e contos de fadas*
Helen I. Bachmann
- *Uma investigação sobre a imagem*
James Hillman
- *Desvelando a alma brasileira – Psicologia junguiana e raízes culturais*
Humbertho Oliveira (org.)
- *Jung e os desafios contemporâneos*
Joyce Werres
- *Morte e renascimento da ancestralidade da alma brasileira – Psicologia junguiana e o inconsciente cultural*
Humbertho Oliveira (org.)
- *O homem que lutou com Deus – Luz a partir do Antigo Testamento sobre a psicologia da individuação*
John A. Sanford
- *O insaciável espírito da época – Ensaios de psicologia analítica e política*
Humbertho Oliveira, Roque Tadeu Gui e Rubens Bragarnich (org.)
- *A vida lógica da alma*
Wolfgang Giergerich

C.G. JUNG
OBRA COMPLETA

1	Estudos psiquiátricos
2	Estudos experimentais
3	Psicogênese das doenças mentais
4	Freud e a psicanálise
5	Símbolos da transformação
6	Tipos psicológicos
7/1	Psicologia do inconsciente
7/2	O eu e o inconsciente
8/1	A energia psíquica
8/2	A natureza da psique
8/3	Sincronicidade
9/1	Os arquétipos e o inconsciente coletivo
9/2	Aion – Estudo sobre o simbolismo do si-mesmo
10/1	Presente e futuro
10/2	Aspectos do drama contemporâneo
10/3	Civilização em transição
10/4	Um mito moderno sobre coisas vistas no céu
11/1	Psicologia e religião
11/2	Interpretação psicológica do Dogma da Trindade
11/3	O símbolo da transformação na missa
11/4	Resposta a Jó
11/5	Psicologia e religião oriental
11/6	Escritos diversos – Vols. 10 e 11
12	Psicologia e alquimia
13	Estudos alquímicos
14/1	Mysterium Coniunctionis – Os componentes da Coniunctio; Paradoxa; As personificações dos opostos
14/2	Mysterium Coniunctionis – Rex e Regina; Adão e Eva; A Conjunção
14/3	Mysterium Coniunctionis – Epílogo; Aurora Consurgens
15	O espírito na arte e na ciência
16/1	A prática da psicoterapia
16/2	Ab-reação, análise dos sonhos e transferência
17	O desenvolvimento da personalidade
18/1	A vida simbólica
18/2	A vida simbólica
	Índices gerais – Onomástico e analítico

EDITORA VOZES
Editorial

CULTURAL

Administração – Antropologia – Biografias
Comunicação – Dinâmicas e Jogos
Ecologia e Meio Ambiente – Educação e Pedagogia
Filosofia – História – Letras e Literatura
Obras de referência – Política – Psicologia
Saúde e Nutrição – Serviço Social e Trabalho
Sociologia

CATEQUÉTICO PASTORAL

Catequese – Pastoral
Ensino religioso

REVISTAS

Concilium – Estudos Bíblicos
Grande Sinal – REB

TEOLÓGICO ESPIRITUAL

Biografias – Devocionários – Espiritualidade e Mística
Espiritualidade Mariana – Franciscanismo
Autoconhecimento – Liturgia – Obras de referência
Sagrada Escritura e Livros Apócrifos – Teologia

VOZES NOBILIS

Uma linha editorial especial, com importantes autores, alto valor agregado e qualidade superior.

PRODUTOS SAZONAIS

Folhinha do Sagrado Coração de Jesus
Calendário de mesa do Sagrado Coração de Jesus
Almanaque Santo Antônio – Agendinha
Diário Vozes – Meditações para o dia a dia
Encontro diário com Deus – Guia Litúrgico

VOZES DE BOLSO

Obras clássicas de Ciências Humanas em formato de bolso.

CADASTRE-SE
www.vozes.com.br

EDITORA VOZES LTDA.
Rua Frei Luís, 100 – Centro – Cep 25689-900 – Petrópolis, RJ
Tel.: (24) 2233-9000 – Fax: (24) 2231-4676 – E-mail: vendas@vozes.com.br

UNIDADES NO BRASIL: Belo Horizonte, MG – Brasília, DF – Campinas, SP – Cuiabá, MT
Curitiba, PR – Fortaleza, CE – Juiz de Fora, MG – Petrópolis, RJ – Recife, PE – São Paulo, SP